U0141215

好人生
的管理心法

20堂名人影響力和生命力的養成智慧

作者——劉教授

編者——周均達

推薦序

　　我與劉教授是在扶輪社結識，熟識後才知道他的多重身分，他不僅是客戶信任的銀行協理，學生愛戴的大學教授，他更是孝順的楷模！他總是帶著媽媽參加我們的扶輪社例會，讓媽媽得到更多溫暖的陪伴，而我們也因此多了一位社友。他對媽媽無微不至的照護，是我學習的榜樣！不禁讓我自問，是怎麼樣的哲學底蘊，形塑他的為人處事風格？原來答案就在這本新書裡。

　　本書有滿滿的正能量，給人希望、給人方向、給人力量、給人智慧、給人自信和給人快樂！人生的道理很多，但要深植內化卻往往需要長時間的閱歷累積，然而劉教授透過學者研究的視角，將點延伸成線，再把線延伸成面，讓表面的道理變成一個哲學系統，相信讀者在咀嚼本書的道理和故事時，都能感受到劉教授的用心。他將生活中的點滴細節串聯起來，並從學術的角度深入探討，讓人們能夠更容易地理解複雜的哲理。當你翻開這本書的每一頁，都是一次與劉教授的深度對話，無論你是想尋找方向或希望提升自我，還是希望在繁忙的日常中找到內心的平靜，這本書都能為你提供答案。

　　劉教授先前已經出版多本財經相關的著作，每本都大受好評。他曾跟我分享他最想寫的是一本能夠傳達正向價值觀的書，然而通常這樣的書不容易暢銷，但他做到了！劉教授不僅是學者，還是一個實踐者，他透過自身的修養與實踐，展示了如何在現實生活中應用這些哲理，以及對親情、友情、事業的實踐，成為一個能夠影響他人、傳遞正能量的人，著實令人佩服！

　　最後，很榮幸能獲得劉教授的邀請為本書寫序，希望所有讀者都能和我一樣，滿載而歸。

吳明璋

台北東南扶輪社 社長 2024-2025

推薦序 ————————————————

　　我認識劉教授弟兄這幾年來，發現他真的是一個很特別的人，是一個有大愛的人，看到他為他人捨己付出，感到極大的敬佩。劉教授凡事都會幫助別人，會站在他人的角度為他人設想，他的性格就如同聖經所述：

使徒行傳 20/35
　　我凡事給你們作榜樣，叫你們知道，應當這樣勞苦，扶助軟弱的人，又當記念主耶穌的話，施比受更為有福。

　　劉教授本身就是世人的榜樣，就如耶穌是我們生命中最重要的榜樣！在劉教授的生命中，他從不為自己求什麼，我雖然是他的客戶，但我從來不會感受到他給我的任何業績壓力。他總是為他的客戶著想，跟他相處很喜樂，完全沒有壓力。

　　在劉教授的生命中，他有一個持續學習的心智，他從來不滿足於自己的現況，在他的生命中也如同在聖經中，使徒保羅上進學習的心智，並且常常勉勵他人向著標竿直跑。

聖經腓立比書 2/13～14

3:13　弟兄們，我不是以為自己已經得著了，我只有一件事，就是忘記背後只努力面前的。

3:14　向著標竿直跑，要得神在耶穌裡從上面召我來得的獎賞。

3:15　所以我們中間凡是完全人，總要存這樣的心。

劉教授弟兄就像經文上所寫的，生命一生都在朝著標竿直跑，他不停止學習的腳步，真是世人學習的榜樣！

另外我們看到劉教授的愛心，我們看到他對父母的愛，對家庭的愛，對周圍弟兄姊妹的愛，也是與世人有極大的差異。世界名利中的人總是為自己想，世人為著自己的夢想，慾望，成就感追逐！為自己而活，但我們看到劉教授弟兄，他不為自己慾望活，他乃是活出捨己犧牲的愛！

就如聖經中哥林多前書 13/4～7 節中

13:4　愛是恆久忍耐、又有恩慈，愛是不嫉妒，愛是不自誇、不張狂。

13:5 不作害羞的事、不求自己的益處、不輕易發怒、不計算人的惡。

13:6 不喜歡不義,只喜歡真理。

13:7 凡事包容、凡事相信、凡事盼望、凡事忍耐。

13:8 愛是永不止息。

我們相信,上帝的愛必然會進入到劉教授的家庭中,神必賜福予他的全家!並祝福他們全家都蒙神祝福!我也推薦大家持續來關注劉教授的書籍,很值得大家閱讀。

徐洵平 牧師
卓越台北幸福行道會牧師

自序
影響力的養成及生命力的學習

在這個充滿挑戰和機遇的世界裡，我們每個人都在不斷地成長和學習，並且也不斷的探索著人生的真諦與價值，當然也包括我自己。因在父親過世的第一年我放不開也放不下，我不斷的問自己，在父母親身上我付出了什麼及我得到何種啟示？因此我在父親過世後，不斷藉由寫書來抒發情感，藉由文字來提醒自己的不足並督促自己，為了避免自己遺憾及希望將自己所體悟的人生及學習分享給讀者，所以我鼓起勇氣寫了這本書，希望透過書中的內容，有幸帶領讀者踏上一場思想之旅，以學習前人的智慧並結合不同的人生定理，引導自己及讀者找到屬於自己的人生方向及藍圖。10 月 21 日適逢父親的第二年忌日，能在此時出版更顯我對父親的思念及緬懷。

本書涵蓋了哲學家、企業家、宗教家和慈善家等不同領域的代表人物，他們以其出眾的智慧和品德影響著世界，為我們指引人生的方向。讀者能夠學習這些前人的智慧與風範，脫離漫無目的的探索，和沒有人生目標的生活。在本書中共分為五個章節，分別是心靈成長力、社會影響力、生命創造力、經驗傳承力及人生修煉力等，每個章節能為讀者在生活及生命中解惑，每個章節又細分為四個小節，每個小節都有學習的架構及框架，期

許讀者能夠以終為始，逐步順著每一章和每一節的學習，進而探索人生的目標及服務眾人的意義。

　　為了紀念星雲法師的圓寂及對於台灣的貢獻，本書開頭以星雲法師為代表人物，希望讀者可以從星雲法師身上學習從平順心態看待得失、從平凡簡單到無所要求、從平靜心情到控制情緒，一直到平淡生活學習懂得惜福與平順，並且了解生命的無常。在每一個階段都結合了星雲法師對於人生的解惑，及引導讀者依照架構學習到星雲法師的智慧和風範。星雲法師曾說：「福不是求來的，而是修得的；享福之餘，更要懂得惜福。」對應該章標題「路是走來的，福是修來的」有異曲同工之妙。因此本書只要讀者能循序漸進的閱讀，相信本書對於讀者在人生旅程及生命探索中，是一本不可或缺的良師益友。

廖仁傑 謹誌

於台北東南扶輪

2024/10/21

Chapter 1　心靈成長力

Chapter 2　社會影響力

Chapter 3　生命創造力

CHAPTER 01

心靈成長力

SPIRITUAL GROWTH

路是走來的，福是修來的

「福不是求來的，而是修得的；
　享福之餘，更要懂得惜福。」——**星雲法師**

　　凡事皆是一體兩面的，能夠將困境視為挑戰，把挑戰中的失敗賦予價值與意義，就能讓自己平和地看待世間萬物，心若安定，萬事從容。修得福氣並非難事，能在淡然的心境下，仔細感受周遭環境及身旁的人事物，所謂失敗及困難便不再需要畏懼，福分也會隨之而來。

　　星雲法師曾經說過：「我們要正視困難、化解困難，視困難為人生進步的『踏腳石』，要有向困難挑戰的決心。」福並不存在環境，而存在於心，事實上困境與挑戰是無所不在的，在名為生命的道路上前行，必須學會如何抱持平常心來面對難題，「慌、亂、錯」即是畏懼犯錯失敗反而心慌，心慌後而手腳忙亂，在混亂之間便容易出現差錯。該害怕的不是失敗及失去，最該畏懼的是失敗後停滯不前，倘若能在每一次的失敗和挫折中汲取經驗，又何嘗不是一種福分？一味追求世俗的福，如金錢和權力，卻遺忘福的本質，沒有建立良好的心態，得到物質的同時卻也正在失去；但如果讓福存在於自己的心中，失去其實也是一種不同形式的得到。

　　路是走來的，福是修來的，達成修得福分這個目標的要點在於「心境」，在同樣的情況下，不一樣的心境會有截然不同的感受，能因應每次的環境去做心境轉換，就可以在困境中看見福、找到福。以上為本章心靈成長力的第一階段引導，當中加入了星雲法師給世人的智慧，期許讀者可以參考星雲法師面對困難的方式與心境，體悟到如何在未來的人生修得平淡的福。心靈成長力第一階段的框架如下：

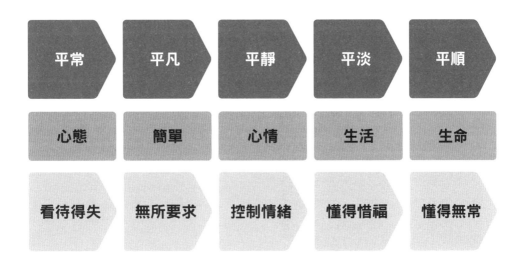

平常	平凡	平靜	平淡	平順
心態	簡單	心情	生活	生命
看待得失	無所要求	控制情緒	懂得惜福	懂得無常

❶ 平常階段

　　平常心能使表現穩定，遇事不慌、處變不驚。保持平常心並非輕視目標或漫不經心，反而應該在日常生活中養成積極進取的態度，完善自己的心態與能力，如此一來在面臨重要場合時，就能維持平常心，正常發揮。

　　放下得失心是很困難的一件事情，人之所以努力多半是為了獲得，可能是金錢勢力，也可能是某項成就，而非失去機會、浪費時間。如果能讓計畫一帆風順是再好不過，但難免會有挫敗的時候，這時維持平常心去看待得失才是最可貴的經驗，要能夠尊重自己的每一次選擇，讓無數次的選擇編織出充實的人生。雖有時看似做了錯誤的決定，實際上選擇並沒有好壞之分，繞遠路有繞遠路才能看見的風景，能享受在繞路的「當下」，就會自然而然地接受這些挫折與困境，不再將其視為失去。當今世道視有錢、有權、有勢為社會價值上的成功，太過於看重「有」。相對於自我定義價值、心靈上的富裕，如無憂、無慮、無愁，「擁有」在內心富足的人們身上顯得如此狼狽，被利慾薰心，拼命尋求外界認同以滿足自己內心的不安定，卻始終沒有得到真正輕鬆快樂的生活。

　　積極面對難題，接受挑戰，然後越挫越勇。從失敗中汲取經驗；從成功裡獲得信心，讓自身能力愈加完善齊全才有底氣，有了底氣便不再在乎得失，因為透過一次又一次的刻苦歷練，早該知道失敗是會帶來成長，就算繞遠路也可能遇見原本沒辦法得到的機會或緣分。當我們可以從失去裡學會得到，那就算短暫的挫折有何可畏？誠如星雲法師所說：「我們要正視困難、化解困難，視困難為人生進步的『踏腳石』，要有向困難挑戰的決心。」培養出平常心需要很久的適應期，無法一朝一夕就建立強大的心態，慢慢地去正視挫折與失敗，從每段經驗裡吸收養分。不因為害怕失敗而選擇畫地自限，是在心中種出大樹的種子，每一次從失敗中自省學習，都是在為這棵種子澆水。總有一天，當這棵樹茁壯到屹立不搖，內心的強

大可以淡去一切困苦。

❷ 平凡階段

　　全心全意參與每個當下，不需要凡事在意成果及其作用；重視生活中的每個細節，不以成果為目的，而是把心思放在體會當下的過程之中。

　　星雲大師也曾說過：「做小事要細心，有的人不想做什麼大事，只想做小一點的事。所謂做小一點的事，可能只為一縣、一鄉、一村、一個工廠、一個團體、一個家庭做事；雖說事小，但是小事也會間接影響大事。」這句話強調了對自我的平凡看待，提醒我們不必總是追求所謂的「了不起」，因為每個人都是平凡的一部分，要能夠以平凡的心態看待自己，接納自己的缺點和不足。此外，也不必太過自滿於完成什麼事蹟，沒有了其他人的幫助，是無法獨自獲得任何成果的，我們才能更真實地成長，達到心靈的富足。「做小事」並非微不足道，而是對於生命的負責，是為身邊的環境、人們，甚至整個社會做出貢獻。這樣的細微付出，彷彿是一顆顆小石子投入湖水，激起漣漪，漸漸擴散至更遠處。每個人都能夠在看似平凡的小事裡創造意義，學會把注意力放在做好眼前的每一件小事，投入最真誠的心意，便能漸漸的開始能體會出平凡中的不凡。這些一步一步仔細完成的小事如輕柔的波紋，在時間的長河中擴散開來，產生深遠且龐大的影響。

　　平凡簡單且無所要求，仔細積極地完成眼前每一件看似微不足道的小

事，提醒自己不需要無時無刻都追尋顯赫的成就，這是一種生活態度也是承諾。全心投入、全力以赴，將專注和真誠注入到每個瞬間，過一段時間會感覺到周圍變美好且世界也跟著友善，不是因為這些事情真的發生了，最純粹的只是我們開始發現本來就存在的美好。

❸ 平靜階段

保持平靜的心看待事情，並不意味著我們不再關心、不再感受，而是選擇用冷靜的態度去面對。當遇到挑戰或困難時，情緒容易受到波動，但仍然可以練習透過觀察自己的情感反應，讓自己學會不受情緒支配。

在不同的人生階段，或多或少都會在感受到壓力和挫折時產生情緒起伏，相信這樣的情形，大多數人是籠罩在負面影響之下的。洶湧的浪濤有高有低，浪的高點向我們席捲而來之時，我們看不見海浪後面及隱藏在浪濤裡的事物，波動的情緒亦是如此致盲而使人無法正確應對。倘若能夠限制住這波瀾的起伏，無論是狂喜狂怒皆保持冷靜，隱藏在其後還有幾道浪、有多少障礙全都能一覽無遺；反之，在任何時刻都有可能被情緒反撲淹沒。

平靜，就是平穩的情緒和冷靜的判斷。深呼吸，感受情緒的源頭並面對它，嘗試理解自己的內心是必要的過程，認識情緒後才能掌管情緒，進而使思想與選擇不受情緒主宰，終能以平靜的心情去體會生活百態。

❹ 平淡階段

　　星雲法師曾提出關於惜福的四點：「晝行當惜陰、日用當惜福、說話當惜言、遇人當惜緣。」開始能從生活中找出幸福之時，仍舊要珍惜我們的所得與所遇：珍惜時間、珍惜物品；謹慎說話、重視緣分。

　　當生活中的種種美好與幸運籠罩著我們，有時我們可能會忽略這些珍貴的禮物，對於所擁有的感到理所當然。因此，學會珍惜這些福祉，是能賦予生活更深意義的美好心態。感恩是惜福的一個關鍵元素，可以讓我們更加關注生活中的每一個微小瞬間。當我們將目光轉向內心，會發現其實早已擁有許多無法言喻的寶貴，而這些寶貴可能正是從平凡階段所提及的一點一滴小事累積而來，值得我們深深珍惜。當我們學會欣賞當下，能夠體會到快樂與幸福不僅來自於物質的積累，更來自於心靈的富足。透過欣賞並珍惜每一個日常細節，我們能夠培養內在的滿足感，進而更深刻地體會到生活的美好。

　　利用能夠細細品味生活的觀察力找出幸福並緊握，感謝擁有的事物、緣分。學會感受當下、珍惜一切，很快就能找到並充分享受生活帶來的每一份幸福。

❺ 平順階段

　　學會用平常心看待得失，細心做好每一件小事。控制情緒，平靜地應

對生活百態，珍惜所擁有的美好，最後才有辦法接受世間無常。

正如星雲法師曾說：「對生死要不懼不迷，所謂名關、利關、生死關，關關難過。有的人在面對生死時，心生畏懼、迷惑，那是因為不能體悟生命的真諦，從世間緣起去觀照，懂得生死一如的道理，便不再對生死感到畏懼、迷惑，一切就能自由自在了。」在前面幾個階段裡，學會了淡泊名利，最後的難題便是生死題，生老病死是生命無可避免的階段，要順應無常，學會接受瞬息萬變的世界。平順不是大環境因年老、因成長而對一個人好，反倒是我們有了智慧，我們不畏懼苦難與生死，無時無刻都能接受自然的安排，再去看生活甚至生命時就平順了，將一切視為因果及緣分的安排，獲得自由自在。

凡人畏懼死亡，因為死了帶不走任何東西，卻遺忘了生命的真諦是傳承，在有限的生命周期裡，能賦予別人、能留下思想，完善生而為人應該完成的使命，為自己的生命創造價值，死亡僅僅是軀殼在消逝，智慧與思想卻能長久流傳造福別人。

✚ 幸福定律

如果你不是總在想自己是否幸福的時候，你就幸福了。幸福是修煉來的，就像「禪」是「頓悟」出來的。當你到處尋找幸福時，幸福就在你的心中；當你到處尋找幸福時，幸福永遠找不到。也許有一天你永遠不去想自己是否幸福的時候，就會發現你是世界上最幸福的人。

　　幸福是一種內在的狀態，而不是外在的追求。當我們焦慮地思考自己是否幸福時，或許已經處於一種幸福的狀態之中。種種要素都指向幸福是一種內在的感覺，而不是僅僅由外在條件所決定。「幸福定律」與「路是走來的，福是修來的」這句話有著深刻的連結。我們的人生道路是逐步累積而來的，每一步都是我們經過思考、努力和決策所形成的，珍惜並享受每一個決定所帶來的結果。同樣地，福氣也是透過不斷選擇、積極努力和保持內心平靜所修來的。星雲法師在《星雲日記41》中提到：「幸福是一切知足，一切簡單；幸福是做人成功，做事順利；幸福是自由自在，和平安寧。」只要凡事看得開，擁有惜福的心態，那幸福也就隨之而來。呼應前文探討的五個階段，從平常心開始，耐心地修煉心境，逐步反省精進自己，瞭解到箇中道理，幸福其實可以簡單得無處不在。

　　我們開始體會到幸福不僅僅是一種結果，更是一種過程。積極行動與內在成長會創造幸福，當下投入，用心去體會每個瞬間，持續努力地修行和成長。如此一來，或許會在某個頓悟的瞬間，意識到自己已經是世界上最幸福的人之一，同時珍惜眼前的所有。

 **小啟示**

1. 福不是求來的，而是修得的；享福之餘，更要懂得惜福。
2. 讓福存在於自己的心中，失去其實可以是不同形式的得到。
3. 有錢、有權、有勢不會帶來幸福，無憂、無慮、無愁才是真正的富足。
4. 「做小事」並非微不足道，而是對於生命的負責，是為身邊的環境、人們，甚至整個社會做出貢獻。
5. 當思想與選擇不受情緒主宰，終能以平靜的心情去體會生活百態。
6. 快樂與幸福不僅來自於物質的積累，更來自於心靈的富足。
7. 惜福是留住幸福最棒的方式。
8. 路是走來的，福是修來的。

學會傾聽善待自己，學會面對獨立自己

「錢要給需要的人才有用。」——陳樹菊女士

陳樹菊女士是一名傳統市場的菜販，同時也被眾人認定為一名慈善家。自己的生活相當簡樸，卻持續多年捐出龐大金額救濟社會弱勢。

陳樹菊女士自幼家境清寒，親人相繼因貧窮間接導致離世，她為了改善家庭狀況，開始日以繼夜賣菜賣到半夜一、二點，認真賺錢養活一家人。憑藉誠信與商譽，陳樹菊女士的菜攤生意越來越好，有次買了件很貴的進口衣服，卻被客人說一定是假貨，讓她很難過，進而開始自省並得出「重點不在於賺多少錢，而是怎麼花錢。」之後她開始持續捐款，二十年來共計捐款超出一千萬元新台幣，用於醫療、教育、孤兒……等。扶助弱勢群體，獲頒多項國際榮譽獎項，即使聲名大噪，仍保持一貫的低調謙卑態度，接受獎項與訪問時，僅僅是想以自己的故事激勵人心，期望大家一起加入善心捐款的行列。「人必自重而後人重之」，自重並不意味著自我中心，而是建立起一種自信的堅持，來贏得他人的尊重。這種尊重源於我們自己對人品和價值的珍視。當我們從自己的人品出發，言行謹慎，充分尊重自己的人格，我們便能成為他人學習的典範。陳樹菊女士正是最好的例子，

她的謙和態度是自重的真實展現，她的簡樸為自己的人格增光添彩。

陳樹菊女士的自愛，表現在勤勞經營生意，保持積極的生活態度不喊苦；她的自重，展現在誠實賣菜不欺騙客人，堅持賣好的菜，使人願意一再光顧其生意；她的自信，是對自己捐款回饋社會一事的堅定不移，事蹟被眾人誇讚之時仍覺得自己只是做了力所能及的事，大家只要有心都可以；她的自省，是生活簡樸的需求滿足後，也因買了昂貴的進口衣服後悔，自省後體悟錢該留給需要的人才有最大的價值；她的自強，是學會面對獨立自己，堅定地走向與當今資本社會截然不同的路。父親和身邊不少人也曾反對過她，但她依舊堅持把錢留給需要的人，才有真正的價值，自己要花再賺就夠了。以下為心靈成長力第二階段的架構：

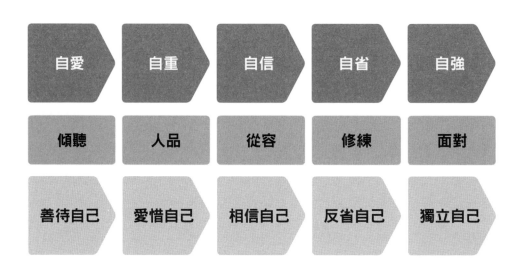

❶ 自愛階段

在忙碌的現代生活中，學會自愛是我們照顧自身內心的方式。陳樹菊女士曾說過：「無論我如何打扮，都改變不了我只是個菜販的事實。」也會說：「每當捐了錢，我會感到非常高興。感覺像是做了件對的事情。這是種發自內心的感受。這讓我非常快樂，能夠帶著微笑上床睡覺。」陳樹菊女士以她簡樸的生活與金錢的價值賦予，告訴我們自愛並不僅止於物質需求，更包括心靈的呵護。

透過傾聽自己內心的聲音，我們能夠更好地理解自己的需要，進而以善待自己的方式回應。在忙碌的日常中，像陳樹菊女士一樣，找出真正讓自己感到滿足或快樂的事情並努力實踐，這正是最深刻的自愛。陳樹菊女士的生活方式與信念，展現了自愛不僅僅是外部的表現，更是內心的自我價值認同。我們需要培養出對自己人生的肯定，將自己視為與他人平等的存在。這種自愛是一種正面的自我感覺，不受外在評價的影響。當我們真正視自己為值得被愛的存在時，我們的行為和態度會自然地反映這種存在於內心的價值觀。

自愛的一個重要面向是自律。自律不僅是對自己的一種關愛，自律包括從生活的方方面面，如作息、飲食和工作態度，保持一種有秩序的方式生活。以陳樹菊女士的故事為例，她堅持不欺騙顧客，保持良好的商譽正是一種自律，這種自律能養成克制和堅持的好習慣。透過自律，我們證明自己有能力掌握生活，進而提升自尊和自信。因此，自律不僅是自愛的行

動，更是對自己最高層次的尊重。

❷ 自重階段

　　陳樹菊女士的慈善之心反映了自重的價值。自重並非是自我中心，而是一種對自己價值和品格的尊重。她的簡樸生活與慈悲心懷是對自己人品的珍視，也為她贏得了他人的尊重。自重的基礎是要發自內心覺得自己值得這麼做，並且這件事情是正確的，進而在面對外界評價時才不易受動搖。我們應效仿陳樹菊，透過謹慎的言行和尊重自己的人格，建立起一種讓人尊敬的自我形象。

　　將尊重內化為一種生活態度，讓它在我們的行為中得以展現，即為自重。自重同時也是一種不浮華的人品表現。這種彰顯個人價值的方式，使我們能夠建立起健全的人格，且非出於刻意營造，而是視為日常，一舉一動間都透露出對自己價值的珍視而不使其輕易崩壞，如同陳樹菊女士經營菜販時的態度：「做生意時，我會打起全副精神，拿出最好、最漂亮的菜來給客人。這時我連身上的痠痛、疲勞，全都會忘記。這就是我做生意的『誠意』。」這樣的自重在社會中將會傳遞出積極的影響力。此外，自重也在於堅守自己的人品，無論面臨何種誘惑和困難，都保持一份內心的清明和正直。這種人品的堅守不僅為自己帶來內心的寧靜，更能贏得他人的尊重。

　　自重使我們能夠在與他人互動中建立平等的關係。這種平等不僅展現

在我們尊重他人的意見和價值，也表現在我們對自己的自信。因此我們必須先學會自重，才能拾起合理的自信而不過於自滿。自愛、自重是一種做人的方式，學會自愛及自重可為人師、為人楷模。

❸ 自信階段

自信能使人從容，謙虛能穩固自信而不至於自滿。面對事情的時候應保持謙虛的自信，堅定地前進。為什麼有些人能夠遇事而不慌，正是因為對自己的認識相當充足。很多時候人之所以緊張，是對自己是否能順利完成沒有把握，未來發展的不確定性使人慌忙，害怕搞砸重要的事情，卻忘了在面臨重要場合的時候，其實只需要拿出平常練習的成果量力而為，不要期盼自己能超常發揮，事情的發展自然也會順利。

凡事量力而為也是一種自信，自信源於對自己能力的認識，而不是空泛的匹夫之勇。陳樹菊女士的謙虛自信是我們學習的典範，使我們在追求目標時保持堅定，同時也教會我們如何避免自滿。她的所作所為無一不充滿自信而光鮮亮麗，她清楚知道自己需要的不是榮華富貴，能生活下去足矣，在不超出自己能力範圍的情況下，捐出金額相當龐大的鉅款。這正是她的謙虛自信，她相信自己的菜攤能夠幫助到許多需要的人，進而獲得心靈的快樂富裕，同時認為大家其實都做得到一樣的事情，不論大或小。

自信與謙虛並不處在對立面，而是相輔相成的。少了謙虛的自信容易變成自滿，透過謙虛，我們能夠穩固自己的自信，避免陷入自滿的陷阱。

陳樹菊女士曾說過：「我認定的事情，即使被打、被兇、被威脅，也不會輕易屈服。」這般的自信成功塑造了一個有深度、有力量的個人形象，同時也為他人帶來希望與激勵。

❹ 自省階段

　　自省不僅僅是一種個人內省的過程，同時能啟發心靈的豐富。自省不僅有助於個人成長，也能為我們的生命注入更多意義和目標。陳樹菊女士的無私奉獻正是源於她對自己的深入思考。透過自省，她在一次買了進口衣服被貶低之後，意識到她能夠以自己的方式為社會做出貢獻，把錢留給需要的人，並以此為樂。我們每個人都有獨特的價值和能力，可以在不同的領域做出影響，只需要透過自省，認識自己能做到那些事情。

　　自省不是為了責難挑剔自己，是為了認識自己才能成長，透過不斷自省與改進，我們能夠審視自己的所作所為和選擇，進而更好地了解自己、認識自己的能力。就如同足球比賽，從來不會有人要求守門員射門得分，因為大家都知道他的責任是守好球門。同理，我們在面對每一次逼近球門的生活難題，無須檢討隊友為什麼讓球進到禁區（無須在意難題為何出現），只需要努力守住這顆球，也就是善用自己的能力完成責任。

　　要對自己的能力有充分了解，並在自我反省中找到優勢和不足。自省讓我們認識到自己的優點，同時也警示我們要持續努力改進不足之處。這種內省過程不僅讓我們持續充滿自信，也讓我們不致於陷入自滿，因為清

楚知道還有哪些方面需要提升。以這樣的心態建立的自信是源於實際情況，而非期許自己做出能力之外的事，便不會成為自滿，讓我們在追求目標時充滿動力，同時不忽視自己的不足。

❺ 自強階段

　　陳樹菊女士的故事讓我們明白，不要害怕走與他人不同的路。自強包括確立自己的價值觀，以及在逆境中保持正確的信念。這種內心的自強和自信，使我們能夠在困難的時刻保持冷靜，不害怕未來的路孤獨，不受外界干擾，堅持自己的道路。

　　自強的本質在於建立內心的堅韌和獨立思考的能力。陳樹菊女士的成長過程中，最愛的親人相繼離世，但她不沉浸在悲傷與挫折當中，而是挑起養活家庭的重擔獨自前行努力，在穩定滿足簡樸生活所需之後，她開始捐款幫助弱勢群體，並說出：「到底要多少錢才算夠？我們窮人家，小時候有一百塊就很高興了，但有錢人有再多的錢對他們來說都嫌不夠，如果錢可以幫助窮人，錢才有價值。」面對生死與孤獨挫折，自強是我們的內在支柱。逆境中的自強是一種不屈不撓的勇氣，能夠幫助我們在最艱難的時刻保持頭腦清醒，找到解決問題的方法。自強的意義不僅在於解決問題，更在於激發我們內心的力量，讓我們不因外在困難而喪失前進的動力。而這一切都必須建立在已經學會前四個階段的情況下，因為不自愛、不自重的話，難以找到屬於自己的自信；如果沒有自信，自省只會變成在苛責自

己而不知從何改進；沒有自省時，過分的自信容易化為空洞的自滿侵蝕自我。五個階段像是齒輪一樣緊密結合，這樣的連鎖反應也代表只要少了一片齒輪，整個系統都無法正常運作。

自強是一種勇氣和毅力的展現，不僅是面對困難的堅強，更是維護內心價值和獨立思考的力量。透過陳樹菊女士的故事我們能學到，自強使我們能夠獨立面對人生的困境與挑戰，不恐懼外界眼光，走出「只屬於自己」的成功之路。

✚ 韋特萊法則：成功的勇氣與超越

韋特萊法則是由美國管理學家韋特萊所提出，指成功者所從事的工作，是絕大多數人不願意去做的。要先有超人之想，後有驚人之舉，能不落俗套，可不同凡響。

傳統市場的菜販處處都是，卻唯獨陳樹菊女士能賣菜賣到被選入美國《時代雜誌》2010 年最具影響力時代百大人物之「英雄」項目第八位。陳樹菊女士的慈善事蹟恰好呼應韋特萊法則，獨特的生活態度與金錢觀造就了她偉大的慈善事業。她不同凡響的地方在於面對社會弱勢的問題，不以常規思維為限，而是勇敢地選擇了另一條路。陳樹菊女士捐贈高額款項來救濟社會上的弱勢群體，只保留足夠維持基本生活開銷的錢，過著簡樸的生活，把錢全部留給真正需要的人，這正是她突破常規的舉動。這是絕大多數人不願意去做的，可以被稱為極致的利他主義者，其堅定的信念也深

刻影響著許多弱勢者的命運。陳樹菊女士的堅強意志驅使她勇於付出，克服各種困難，用實際行動改變弱勢群體的命運，聲名大噪之後也不自滿，僅僅只利用她的知名度，呼籲更多人一起投入慈善。獲頒清華大學榮譽校友時，得知清華大學有一萬多名學生，藉機勉勵學生：「一人一天只要捐十元、二十元，累積起來就是很大的力量，可以做很多事，行善不必等賺大錢才行。」

　　陳樹菊女士的驚人之舉，不僅展現在捐款救濟，也表現於她願意挑戰現狀、提出不同的解決方案，以及堅信自己的理念貫徹始終。她以她獨特的方式，為弱勢人群建立了希望，成功締造了一個更加溫馨的社會。

⚡ 小啟示

1. 自愛並不僅止於物質需求，更包括心靈的呵護。
2. 自重是源自對自己價值的珍視，因此不會輕易使其崩壞。
3. 自愛、自重是一種做人的方式，學會自愛及自重可為人師，被人學習、為人楷模。
4. 自信源於對自己能力的認識，而不是空泛的匹夫之勇。
5. 自信與謙虛並不處在對立面，而是相輔相成的。少了謙虛的自信容易變成自滿，透過謙虛，我們能夠穩固自己的自信，避免陷入自滿的陷阱。
6. 自省不僅有助於個人成長，也能為我們的生命注入更多意義和目標。
7. 逆境中的自強是一種不屈不撓的勇氣，能夠幫助我們在最艱難的時刻保持頭腦清醒，找到解決問題的方法。
8. 韋特萊法則：成功來自於能接受與人不同的勇氣與突破常規的超越。

提升心智力量，才能真正擁有心靈自由

「克服自私心，克服自己的利害心，
便可走上愛人的大路。」——傅斯年

所謂境由心生，內心的力量越是強大，就越不容易被外在因素影響。如何在學習成長的過程中慢慢培養出強大的心靈？是我們一生都要面臨的課題。何為世界的常態、宇宙的規律？要去理解生活中每一處的變化，要能夠淡然身外之物，看透善惡循環。

心境與心態的建立是一步一步循序漸進，傾心與自己內心對話，先認識自己；透悟自己的個性後馬上修正，才能心平氣和；有了經驗後，遇到事情馬上知道該如何處理，就能安定自己的心，隨時控制自己的心境；當自己能夠安心面對各種事物，才知道該如何包容與原諒他人，覺悟利他的智慧；到最終能夠徹悟所有事情的無常、世間萬物運行的規律，利害心不再能控制自己，對世俗的得與失能坦然面對，淡泊地享受活著，要對自己好也要對別人好，方為定心。

如何樂在學習、樂在工作、樂在生活和樂在生命，並衡量自己的一生？我們可以學習傅斯年的風範及內涵，可以傳承他宏觀的理念及想法，所以

我將傅斯年傳承給我們的觀念、精神及人生的目標,整合為本節中心靈成長力的第三個階段:**提升心智力量,才能真正擁有心靈自由**。為了達到這個遠程的階段,我整理出系統性及思維性的框架和學習架構,讓讀者脫離漫無目的探索和沒有目標的生活,期許這個框架和架構能帶給讀者整體性的觀念及整合性的思維。在這個心靈成長力第三階段的框架如下。

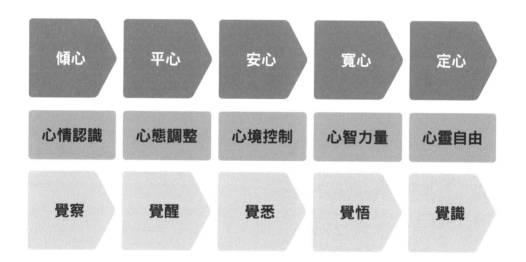

❶ 傾心階段

覺察自己是第一步,要能坦誠面對自己內心的想法,透過跟自己內心的對話,理解當下的心情從何而來。認識自己的心情之後,在未來才能正確調整心情,心平氣和可以控制自己的心態。

傅斯年有句廣為流傳的名言：「一天只有二十一小時，剩下的三小時是用來沉思的。」當初在台大設立傅鐘只響二十一聲，也是因這個原則去設計的。沉思是一種獨自一人的會談，沉思時不會有自己以外的人出現在這場會議裡，過程中只需要面對最真實的自己，去回憶經歷過的事並自省，不斷改進與加深對自我的覺察，這也代表沉思的本質就是在認識自己的內心世界。

認識自己、覺察自己不單是為了能感受心情的變化，而是先能認識自己內心真實的想法，才知道該用什麼樣的方式去應對生活中的各種情況。同一件事由不同人來處理，結果都會不同，所以要找到最適合自己的方式，遇事才不容易心浮氣躁，保持慢條斯理且有邏輯地解決問題。

❷ 平心階段

在這一個階段裡，我們要學會的是如何調整自己的心態，能在發現問題的當下馬上修正並調整心態，才可以在每一次的事件當中，讓自己心平氣和而不失去理智。在傾心階段裡我們透過覺察去觀察自己心態與心情的變化，而在平心階段我們需要覺醒，透悟自己性格與心態的來源與成因，如此一來才能在遇到問題時馬上修正自己的心態，得以正確並冷靜地面對問題、解決問題。

平心不應被解讀為平心靜氣不浮躁，我認為這樣太限縮了平心的範圍。所謂平心應該是一種在面對心態起伏不定的時候，能夠馬上找到原因

並做出修正的能力。能夠不因恐懼而駐足不前、不因浮躁而自亂陣腳；面對權力仍然保有自我原則、面對未知依舊能夠勇敢嘗試，這些才是平心應該有的能力，能平復自己起伏不定的心境就是平心。

蔣介石曾經將傅斯年比喻為民國時期的魏徵。當時蔣介石於軍事委員會擔任委員長，與傅斯年交談時，傅斯年不因面對權力而做出違心之論，回應蔣介石說：「委員長我是信任的，如果說因為信任你也就該信任你所任用的人，那就算砍掉我的腦袋我也不會這樣說。」要能如此敢說敢言，首先需要足夠認識自己，清楚瞭解自己的原則，也知道自己應該做什麼，因此在面臨權力或誘惑的情況下，依然能平復調整心態，不受影響地做出最適合的決定。平心，能讓我們用最適合自己的心態去面對事情。

❸ 安心階段

安心是一種能力，也是一種心靈層面的藝術。保持安定不變的心，不僅關乎情緒控制，也需要足夠的應變經驗，更必須具備控制自己心境的能力。

在現代繁忙而快節奏的生活中，我們經常面對壓力和挑戰，這些壓力與挑戰可能令人感到不安、煩躁和焦慮。然而，仍然有些人在這些情境下能夠保持冷靜，不讓情緒左右自己，而是知道如何適切地應對。這樣的能力是透過沉思與多次反覆修正（傾心、平心）堆疊起來的。有了前面的經驗累積，遇到事情時就能馬上知道如何處理，而完全不會慌張出錯，在任

何狀態都可以保持一顆安定的心，所以安心。

❹ 寬心階段

在生命的旅途中，我們常常在情感的波動中迷失，但有一個更高層次的心境稱為「寬心」。達到寬心的境界不僅能夠使我們內在平靜，還賦予我們智慧和對人生的深刻理解。

要說安心是對自己的一種情感與內心世界的穩定，那麼寬心則遠不止於此，不僅包括了內心的平靜，還需要可以對別人寬容、原諒和支持。這是一種真正高尚的心靈階段，讓我們能夠把目光超脫於自我，關心他人的需要和情感，甚至給予建議和幫助。過去累積的歷程讓我們能對生命有更深刻的覺悟，賦予我們明辨善惡的能力，幫助瞭解人生的意義，這是一種極大的智慧，從利己到利他。世界並不總是非黑即白，利己只是眼下看起來對自己更好，但現實是充滿挑戰與困難、各種機會與美好的，一味追求自身利益只會錯過很多參與這個世界的美妙。唯有寬心且利他，生活中才會充滿愛與智慧。

傅斯年曾言：「大凡人與人相處，許多事情與其責備人家，毋寧責備自己，責備自己的第一件事是自己有沒有守信。」在對他人苛刻之前，不如先檢視自己是否做得夠格。透過自省與原諒，一次又一次修正，最終能對他人寬容，才是讓世界充滿美好的途徑。

❺ 定心階段

定心是一種心靈的自由，這種自由位於極高的層次，它讓我們不再執著於世俗的欲望，而是尋求更深刻的滿足，無論是人與人之間，抑或是在面臨選擇之時。當我們擺脫了財富和物質追求的鎖鏈，我們的內心就能變得寧靜和平靜，這種自由的心靈能夠幫助我們更好地探索生命和世界的本質（真、善、美），更可以瞭解宇宙運行的規律，更加坦然地面對得失與無常。

回應本節開頭引用的「克服自私心，克服自己的利害心，便可走上愛人的大路」，定心便是將自私心、利害心排出內心世界，當我們可以透過利他、回饋社會的方式獲得滿足，那世俗的慾望又與我們何關？只需透過付出與愛人，就可以讓世界多一份美妙，又有什麼理由去追逐人們口中的成功？即便窮苦，我們還可以愛人；即便失去重要的東西，我們依然擁有愛人的能力。

能夠不受到世俗名利所誘惑，堅定地走在愛人的大路上，透過愛與奉獻，獲得的將會是無比豐富且允實的心靈滿足，這時我們的心就自由了。生命中一連串的難題與困境都是在鍛鍊我們的心智，勇敢地接受挑戰才能一步步邁向心靈自由。

✚ 破窗效應

破窗效應源於犯罪心理學家 Wilson and Kelling（1982）提出的理論，內容大致為如果一棟建築物出現破窗但沒有人去修補，長久下來其它窗戶也會接連被破壞，甚至會產生更多嚴重的犯罪事件，如縱火、入侵……等。

傅斯年曾言：「本人一向主張，如辦一事，必須認真，否則虛應故事，學生看到將受傳染。」這正表現了破窗效應在教育體制裡也是佔有相當大的比重。若學生看見自己的師長、楷模如此行事，對自身的道德與責任要求便會不自覺隨之降低，造成更多問題，甚至因為這一個小習慣，培養出怠惰和隨性的人格。破窗效應也不只可以套用到效仿他人，在自我約束的範圍內也相當泛用。我們在生活中日常不經意的一次破例，或是一種小習慣，都有可能引起破窗效應。以管理學中的 5S 管理清潔流程為例，在經歷前四個階段（整理、整頓、清潔、標準化）四個流程後，最重要的就是紀律維持（Sustain），假設現在有一個利用 5S 管理流程整理過的資料存放區，要尋找想要的資料可以很快速地完成，但使用後並沒有回歸原位，破壞了「維持紀律」這項準則，因為第一次隨意放置導致後續並沒有讓資料物歸原處的動機（反正這次都隨便放了），之後這個資料區的擺放便會越來越雜亂無章，而讓未來尋找目標資料更為困難。

破窗效應在各個領域都能夠發揮作用，不僅僅侷限於犯罪問題或教育體系，也適用於組織管理、道德規範，甚至社會文化。當我們在某方面放任一些小的不當行為或疏忽，很容易陷入逐漸惡化的迴圈。這也提醒我們，

在日常生活中要保持警惕，確保我們自己和他人都遵守規則和標準，以防止破窗效應的不良影響。因此，維護紀律、規範和高標準變得至關重要，才能確保我們的環境和社會能夠保持秩序和穩定，避免更嚴重的問題和混亂的蔓延。在這個意義上，每個人都有責任在自己的領域內做出積極的榜樣，以抵制潛在的破窗效應，推動社會的進步和改善。

 **小啟示**

1. 沉思的本質就是在認識自己的內心世界。
2. 能夠不因恐懼而駐足不前，不因浮躁而自亂陣腳，面對權力仍然保有自我原則，面對未知依舊能夠勇敢嘗試，這些才是平心應該有的能力。
3. 一味追求自身利益只會錯過很多參與這個世界的美妙，唯有寬心且利他，生活中才會充滿愛與智慧。
4. 克服自私心，克服自己的利害心，便可走上愛人的大路。
5. 當我們在某方面放任一些小的不當行為或疏忽，很容易陷入逐漸惡化的迴圈。

有了正確的價值觀，才有美好的人生觀

「事情完成之前看起來總像不可能。」——曼德拉

曼德拉因其積極的反種族隔離活動而於 1962 年被捕，並被判處終身監禁。他在監獄中度過了 27 年後，由於國際和國內壓力，南非政府宣佈解除對曼德拉的監禁，成為國際上著名的政治犯之一。他的一生充滿了堅定的信念和無與倫比的堅韌，曼德拉並沒有因為被囚禁而動搖他的信仰，相反地，他在監獄的歲月中更是堅持著對自由和正義的信念，成為自由的象徵。曼德拉的堅守並非止於個人，而是為國家的自由做出巨大貢獻。他在囚禁期間繼續鼓舞人心，呼籲國際社會對南非施加壓力，要求結束種族隔離制度。他的堅韌不拔成為許多人追隨的楷模，激發了無數人的鬥志。

信念，是為生命注入深刻的價值觀。當我們深信某種理念、原則或目標時，生命變得更有意義。信念是內心的指引，是我們前行路上的燈塔，讓我們在迷茫時找到方向。無論面臨多大的困難，堅持自己的信念，就像給生命加上了堅實的底色，使之更加豐富而有深度。信心，則是給生活注入快樂觀。信心是一種積極的能量，它讓我們相信自己能夠克服困難，實現夢想。在信心的翅膀下，生活變得更加輕鬆愉快，每一天都充滿著希望

和活力。信守，是讓我們在生活中接觸不同的圈子時，都能為自己負起應有的責任，是讓人感到放心，這樣其他人也就能自然地能跟隨你的腳步。信服，在追求目標的過程中，讓每件事情都做到盡善盡美，讓結果與過程看起來都相當生動，這種令人信服的態度是一種魅力，讓生動不斷綻放。信任，是為生平賦予人生觀。在人際關係中，信任是最為寶貴的財富。建立在信任基礎上的人際關係更加堅固，生平也因此變得更加豐富多彩。信任是團結的紐帶，是友誼和合作的基石。

　　如何樂在學習、樂在工作、樂在生活和樂在生命，如何衡量自己的一生？我們可以學習曼德拉的風範及內涵，可以傳承他宏觀的理念及想法，所以我將曼德拉傳承給我們的觀念、精神及人生的目標整合為本節重點：**有了正確的價值觀，才有美好的人生觀**。為了達到心靈成長力的第四個階段，我整理了必須要擁有的系統性及思維性的框架和學習架構，讀者才能脫離漫無目的探索和沒有人生目標的生活，期許這個框架或架構能給讀者創造整體的觀念及整合性的思維。本節的完整框架如下：

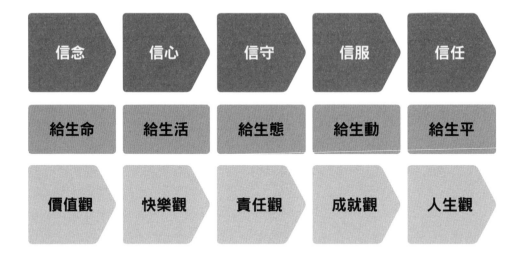

信念	信心	信守	信服	信任
給生命	給生活	給生態	給生動	給生平
價值觀	快樂觀	責任觀	成就觀	人生觀

❶ 信念階段

　　信念在曼德拉的生命中得到了充分展現。在南非的反種族隔離鬥爭中，曼德拉始終堅信平等和正義的理念。1962 年，他因反對不公正的政權而被囚禁，但監獄的鐵窗並沒有扼殺他的信仰。相反地，曼德拉在囚禁中堅守自己對自由的信念，視監獄為實現正義的代價，從未屈服於困境。他的堅韌和信念成為南非和國際社會所景仰的典範。

　　曼德拉在監獄中的歲月充滿了考驗，但他的信念卻從未被撼動。在羅本島的狹小牢房裡，曼德拉不僅面對身體上的折磨，更經歷了心靈的煎熬。然而，他在困境中保持了對平等、公正和自由的堅守。曼德拉將監獄看作是實現民主和平等的歷史性犧牲，而非對信仰的背叛。他在獄中積極學習

和反思，用深沉的信念支撐起內心的堅強。這段經歷成為曼德拉在釋放後，領導南非實現和解與民主轉型的強大力量泉源。

曼德拉在走向自由的道路上所展現的信念和堅韌，不僅深刻地影響了南非，也成為全球推崇的道德楷模。他的信念不僅塑造了他個人的性格，更為世界展現了一位領袖的力量。曼德拉在 1994 年成為南非第一位黑人總統，他的領導帶給國家人民希望和團結。曼德拉的一生見證了信念對於改變歷史、推動社會進步的巨大力量，他的事蹟鼓舞著我們，在困境中保持信念，堅持追求正義和平等。因為信念，曼德拉不僅改變了自己的命運，也改變了整個國家的命運，留下永不磨滅的歷史印記。

❷ 信心階段

信心是一種積極的能量，讓我們相信自己能夠克服困難、實現夢想。就像陽光穿透陰霾，信心為我們的心靈注入一縷明亮的光芒。在信心的翅膀下，生活變得更加輕鬆愉快，每一天都充滿希望和活力。曼德拉擁有非凡的信心，讓他在困境中保持豁達和樂觀。儘管面臨巨大的艱辛，曼德拉仍然保持對自由和平等的信心，這股信心使他被釋放後能夠引領南非實現和解與民主。生活在信心的指引下，變得更加有活力，每一個困難都成為追求夢想的踏腳石，每一天都是充滿可能的新開始。

曼德拉曾說：「勇敢的人不是不會感到恐懼的人，而是戰勝恐懼的人。」相信自己並戰勝恐懼，成為一位勇敢的人。曼德拉的生平向我們展

示了信心的深遠影響。他不僅僅是一位反種族隔離的鬥士，更是信心的化身，散發著正能量。他在信心的引領下，不畏困難、不怕壓力，最終創造了改變整個國家歷史進程的奇蹟。曼德拉的信心遺產鼓舞著我們，讓我們明白，當我們懷有信心時，生活會更加充實、豐富，而實現夢想也將不再遙不可及。因為信心，我們能夠戰勝生活的波折，讓每一個日子都成為追逐夢想的旅程。

❸ 信守階段

曼德拉對平等和正義的堅持，在他的一生中充分展現。他參與多次南非的反對種族隔離運動，不僅口頭上表達對平等和人權的承諾，更是用自己的行動付諸實踐。他毅然投身反對不公正政權的戰鬥，最終為此付出了自由的代價。曼德拉對平等的責任感不僅是空洞的誓言，更是一種敢於付諸實際行動的決心。

即便在監獄中，曼德拉並沒有因自己的困境而改變他信守平等和正義的心。相反地，他以堅定的意志和堅持的信念，持續承擔著廢除種族隔離制度的責任。曼德拉在狹小的囚室裡，不僅堅決拒絕妥協，更透過對話、學習和反思，保持了對理想社會的責任感。在監獄中，他視自己為反對種族隔離的責任人，絕不願違背內心深處對平等的承諾。

曼德拉曾說：「當一個人盡了對國家和人民的責任，便可以安息了。」在成為南非總統後，他在建設民主及和解國家的過程中展現出卓越的領導

力與責任感。他始終信守著對公正和平等的承諾，推動南非朝著沒有種族隔離的未來邁進。透過建立和解委員會，曼德拉試圖化解過去的仇恨，實現國家的統一。他透過實際的行動履行對社會的責任，為建設一個更加公正、平等的南非做出了巨大努力。曼德拉的責任感不僅使他成為南非的領袖，更是全球為平等而奮鬥的榜樣。

❹ 信服階段

信服是在追求目標的過程中，讓每件事情都做到盡善盡美，讓結果與過程看起來都相當生動。這種令人信服的態度是一種魅力，讓生動不斷綻放。曼德拉在推動南非的變革過程中，展現了令人信服的領導態度。他不僅專注於最大的目標——消除種族隔離，更注重每一步的執行和過程的細節。曼德拉的目標不僅僅是政治制度的轉變，更是建立一個生動、平等和公正的社會。他的信服態度深深吸引著人們，讓他的領導力在達成目標的同時，更為生動和有深度。

相關社會運動與抗爭在曼德拉的領導下，過程是生動而充實的。他透過對話、協商與和解，將原本艱困的目標分解為可行的步驟。曼德拉在推動國家轉型的過程中，融入了多元文化，尊重不同的聲音，這讓整個過程更加生動、多元。他不僅致力於政治改革，還注重經濟、教育、醫療等方面的全面發展，使得目標的實現更具生命力。這樣的生動過程不僅激發了人們的參與熱情，更為目標的達成鋪就了堅實的基石。

曼德拉說：「自由不只是拋掉身上的鎖鏈，而是以一種尊重和增進他人自由的方式生活。」曼德拉所展現的態度，是一種令人著迷的魅力。他不僅在達成目標時做到盡善盡美，更在過程中顯現出非凡的領導風采。曼德拉的溝通技巧、協商能力和對多元文化的尊重，使他贏得了廣泛的信任和支持。他的魅力不僅表現在政治舞臺上，更在人們心中留下深刻的印象。這種令人由衷信服的魅力，使曼德拉影響了整個國家的歷史進程。

❺ 信任階段

「榮耀屬於那些在黑暗與恐怖中依然不背棄真相的人。」曼德拉曾如此說道。曼德拉的行事作風與毅力展現了一種非凡的人生觀，這樣的人生觀是值得信任與讓人學習的。曼德拉在反對種族隔離的鬥爭中，以不屈不撓的毅力和卓越的行動作風贏得了世界的尊敬。即便在被囚禁的 27 年中，他從未放棄對真相、平等和公正的信念。曼德拉的行事作風像一道璀璨的光芒，穿越黑暗與恐懼，指引他邁向正義之路。

曼德拉的人生觀不僅表現在他的言行舉止，更深植於對真理和正義的忠誠。他的信仰和原則成就了他的人生觀，讓他在困境中保持著內心的清澈。曼德拉不僅反抗不公正的制度，更以積極和寬容的態度迎接改變，這種人生觀為他在穿上囚服時依然擁有尊嚴和光榮，奠定了深厚的道德基石。這些都是值得我們信任並學習的事物與觀念。

「榮耀屬於那些在黑暗與恐怖中，依然不背棄真相的人。」這句話淋

漓盡致地詮釋了他的人生觀。曼德拉堅守真相，不僅是對自己的承諾，更是對整個社會的責任。他在黑暗中保持清醒，不為恐懼所動搖，正是這份信念和人生觀，為他贏得了歷史的榮耀。曼德拉的生命如同一面旗幟，在風雨中飄揚，激勵世界尋找光明。這種信仰、行事作風和堅毅的品質，形成了曼德拉獨特的美好人生觀，是值得我們信任與效法的偉大精神。

✚ 羅伯特定理

羅伯特定理是美國史學家卡維特・羅伯特提出的一條定理，具體內容是：「沒有人因倒下或沮喪而失敗，只有他們一直倒下或消極才會失敗。」這條定理鼓勵人們在遭遇困難和挫折時，要有堅持和勇氣，不要輕易放棄自己的理想和信念，要相信自己有能力克服一切障礙，實現自己的目標。

南非的民權領袖和前總統納爾遜・曼德拉無疑是最佳的模範人物。曼德拉是一位偉大的人物，他為反對種族隔離制度和爭取黑人的自由和平等，付出了無數的犧牲和努力，他曾經被囚禁了 27 年，但他從未放棄過他的信念和理想，他堅持用非暴力的和解精神，最終推動了南非的民主轉型，成為了南非首位黑人總統，也獲得了諾貝爾和平獎的殊榮。這個定理同時也呼應曼德拉的一句名言：「人性真正偉大的光輝並不在於永不墜落，而在於墜落後總能再度升起。」

有了信念與信心，讓自己能夠在不斷的挫敗中重新站起來；有了信守與信服，在站起來之後仍然會有人為你挺身而出、與你同行；有了信任，

從深淵浩劫重生，建立了美好的人生觀，最終能夠得到所有人的信任，讓人瞭解你過去經歷的苦難與挫敗，如同曼德拉所說：「不要用我的成功來評價我，請用我跌倒又爬起來的次數來評價我。」

小啟示

1. 在困境中保持信念，堅持追求正義和平等的信念。
2. 信心是一種積極的能量，讓我們相信自己能夠克服困難、實現夢想。
3. 責任感不僅是空洞的誓言，更是一種敢於付諸實際行動的決心。
4. 信服是在追求目標的過程中，讓每件事情都做到盡善盡美。
5. 信仰和原則成就了人生觀，讓我們在困境中保持著內心的清澈。
6. 羅伯特定理：沒有人因倒下或沮喪而失敗，只有他們一直倒下或消極才會失敗。

CHAPTER 02

社會影響力

SOCIAL INFLUENCE

閱讀產生興趣，閱歷產生影響

「人間壽命因為短暫，才更顯得珍貴。
難得來一趟人間，
應問是否為人間發揮了自己的良能，
而不要一味求長壽。」──證嚴法師

　　證嚴法師曾經說過：「人生的價值，不在於生命的長短，而在於能否發揮功能。」正因為時間有限，一個人在世完成多少事蹟、產生多少影響力，才如此可貴。因此要學會珍惜時間學習成長，並嘗試努力為社會付出，為自己的生命賦予不一般的意義，產生正向的影響力。

　　珍惜時間就是珍惜生命，證嚴法師也曾經說過時間對一個有智慧的人而言，就如鑽石般珍貴；但對愚人來說，卻像是一把泥土，一點價值也沒有。如何利用在世的時光，從無到有產生影響力，變成了我們必須學會的課題。最一開始必須是對自己的生命負責，省思如何去為生活填充意義，經過不斷的經歷與學習，有了能力與閱歷後開始主動關懷別人、協助別人，漸漸地越來越多人支持或相信你說的話及做的事，就形成了影響力，透過自己的修鍊把正向傳遞給很多人，既是一種感恩，也是一種回饋。

我們都有一本名為閱歷的書，透過閱讀找到興趣，透過閱覽帶來啟發，透過閱人獲得智慧，透過閱愛開始關懷，透過閱歷產生影響力。不論在學生時期、工作時期或退休時期，這本名為閱歷的書都一直不斷地被書寫，直到壽命的盡頭。當其他人能夠在翻閱你的「閱歷」之時，如果能學到一些道理與想法，那就是真正地產生「影響力」。社會影響力第一階段的框架如下。

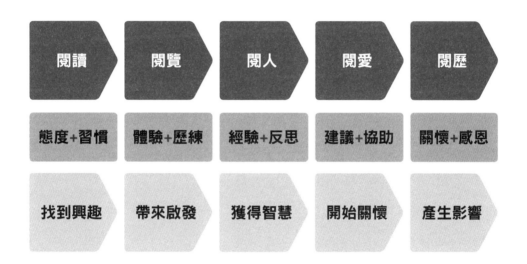

❶ 閱讀階段

從學生時代開始培養閱讀的習慣，是一個能夠延續終身的寶貴禮物。單單培養習慣是不夠的，我們還需要培養一種積極正向的閱讀態度。保持

良好態度可以作為習慣的基石，因為只有當我們擁有正面的心態時，才能夠持之以恆地鞏固良好的閱讀習慣。

　　每一次的閱讀，無論是對待新知識的好奇心，還是對於不同觀點的開放，態度決定了我們如何消化和吸收所閱讀的內容。擁有一個積極的態度，意味著我們能夠透過閱讀找到其中的樂趣，並從中獲得深刻的啟示。之所以稱為習慣，是因為每次閱讀時，都必須保持良好的態度，態度要好習慣才會好，活到老學到老也是一種態度，在人生的不同階段有不同的難題與需求，學生時期要面對升學、考試和人際關係；工作時期要解決職場倫理、專業技能；退休時期要培養興趣、充實度日，而當中許多難題，可以透過閱讀找到最初階的解答。書本身是作者一路走來的思維與智慧的結晶，透過閱讀我們可以了解與自己經歷不同的人如何面對種種問題，抑或是由特定領域的專家，花費數千、數萬小時在鑽研的成果，因此閱讀是培養興趣與解決難題的第一步。

　　持續不斷地閱讀並保持積極態度，我們需要不斷地擴展自己的閱讀範疇，找到那些引起我們興趣的主題。閱讀不僅僅是為了增加知識，更是為了豐富我們的生活。透過閱讀，我們可以深入了解不同領域的文化、思想和價值觀，這些將成為我們人生旅程中寶貴的財富。

❷ 閱覽階段

　　書籍如同人生的導師，引領我們走向知識的海洋，當我們透過閱讀找

到興趣，便應該毫不猶豫地去嘗試，因為唯有親身體驗，我們才能真正理解其中的奧妙。

體驗宛如一場旅程，其中充滿各種風味，包括甜蜜、酸楚、苦澀和辣鹹。每一次嘗試，都是一次歷練的機會。這些歷練或許不總是順利和美好，但卻是我們成長的營養。正如人生充滿高低起伏，我們在體驗中也可能會遭遇挫折和困難。然而，這些挑戰就是我們成長的機會，猶如風雨鍛鍊我們的意志，使我們變得更加堅強和堅定。透過這些體驗與歷練，我們不僅能夠學會應對困難，更能夠對興趣的真正面貌有更深的理解。或許在體驗中，我們會發現原本覺得極具吸引力的事物並不盡如人意，亦或是我們原本忽略的事物卻成了我們的新寵。這種反差，常常是啟發的來源。而這樣的啟發，時常出現在我們反思和自省的過程。透過對自己的體驗和歷練進行深入的思考，我們能從中獲得更多洞見，發現其中的價值和意義。譬如，當我們經歷過一段具有挑戰性的歷程，並且能從中獲得成長和滿足感時，這種經歷就成了我們內心深處的一盞明燈，激勵著我們繼續前行。

證嚴法師曾言：「熱心易發，恆心難持，光說不練，則無法體悟真理。」這句話道出了體驗和歷練的重要性。我們透過閱讀可以找出感興趣的事情並懷抱熱忱，但唯有恆心執著，才能在體驗的歷程中找到真正的啟發。這種啟發，是對於生活和自我更深刻的理解，經過磨練的反思與自省，綻放出屬於自己的光彩。不斷地去體驗，從歷練中尋找啟發，在生命的旅程中繼續學習並成長。

❸ 閱人階段

　　人生就如一本充滿挑戰和機會的書，每一個選擇和行動，都是我們在其中的體驗和歷練。然而，有時候我們可能會遇到一些難題，即使努力思考，也難以找到解決的方法。正是在這種時刻，我們需要從他人的經驗中汲取智慧，進而獲得新的視角和解決方案。

　　如上一階段所述，我們要得到啟發，必須經過體驗中酸甜苦辣的歷練，有些問題能藉由反思與自省解決，然而有些發展及阻礙會超出我們自身的背景知識，由於主觀的限制，我們難以理解，時常會因此產生一面高牆阻擋前行。在這種情況下，與其固守已有的見解，不如向他人求助，請教或借鑒他們的觀點。這樣的行為並不是投機或消極，而是一種尋求協助的智慧。尋求幫助的對象不侷限於領域專家或具有高深智慧的人，只需要能給出不同的想法，或是從我們主觀之外的角度切入討論，必可成為請教的對象。證嚴法師於《靜思語》曾道：「米粒愈飽滿，垂得愈低。」我們無須驕傲地認為一切都要靠自己解決才算有能力，求助他人時常是一個有效率的學習成長之法。

　　透過與他人的交流和討論，我們能夠在他們的經驗中尋找智慧的種子。這些種子會在我們的心靈中生根發芽，隨著時間的推移，逐漸茁壯成長。這種智慧不僅能夠幫助我們解決當前的難題，更能夠指引我們走向更明智和成熟的人生。

❹ 閱愛階段

在人生之旅中，閱讀、閱覽和閱人成為了我們成長和智慧重要的鋪陳階段，而在這些過程中，我們也逐漸體會到另一個關鍵元素——愛。愛是我們心靈的溫暖光芒，它如同一股清泉，滋潤我們的心田，讓我們不斷關心和關懷他人之時，自己也能感受到溫暖與快樂。

愛的表現可以是多樣化的，其中一種重要的表現形式是關懷。當我們有能力時，我們能夠將愛給予他人，這不僅僅是將愛的情感傳遞出去，更是透過實際行動讓他人感受到我們的關心。在閱覽的階段，我們把所學的知識付諸實踐，這也可以成為我們愛的一種表達。當我們給予他人建議時，其實是在用我們的智慧和經驗幫助他們，讓他們走得更順遂，這就是將愛化為建議的方式。

如證嚴法師所言：「人生多一分感恩，就多一分美化。」對自己成長路上的一切抱持感恩之心，因為我們時常會被成功蒙蔽雙眼，認為一切都是自己努力得來的，卻忘記一路走來是有多少機緣與貴人協助才有今天。要能夠感恩所經歷的種種，才能真心地去關懷與協助別人。

❺ 閱歷階段

證嚴法師也曾經說過，人的心地是一畦田，土地沒有播下好種子，就長不出好的果實。閱讀、閱覽、閱人和閱愛這四個階段（種子），交織成

了我們的閱歷（果實）。然而，閱歷不僅僅是個人的成長過程，更是一種影響力的積累，是從個體到集體的延伸。

影響力的建立並不僅僅來自於表面的外在，成功人士不一定有影響力，它更需要深層的內涵。透過閱讀和閱覽，我們不斷充實自己的知識和智慧，這讓我們在關懷他人時能夠提供更有深度的建議和幫助。同時，在閱人的階段中，我們學會了尋求智慧，這種謙虛的態度讓我們的影響更具有說服力，也讓我們更願意去聆聽他人的意見和建議。這些好的種子連綿積累，終能形成一片鬱鬱蔥蔥的樹林。

✚ 飛輪理論

飛輪開始轉動，最初需要我們付出巨大的努力，就如閱讀的初衷，我們努力吸收知識。這種積極的開始在閱覽階段被延續，我們將興趣轉化為實踐，在閱人中學會謙卑地尋求智慧，這也是飛輪轉動的助力之一，讓飛輪開始緩慢轉動。

證嚴法師曾在靜思語道：「改變自己是自救，影響別人是救人。」對應本節架構，閱愛的階段最能展現飛輪效應的強大。當我們將關懷與感恩的情感化為實際行動，被動開始轉為向外主動，我們的影響力開始像飛輪一樣快速增長。我們的關懷不再僅僅侷限於一對一的互動，而是擴展到一對多的影響。這正是飛輪理論的奧妙之處，透過不斷累積的影響力，我們的影響範圍逐漸擴大，成為一股正向的力量。

　　最終，這個飛輪成為我們的閱歷快速運轉著。這種影響力的累積不僅是個人成就，更是我們對周遭世界的回饋。正如飛輪理論中所描述的，一旦飛輪開始轉動，動能的累積將讓它越轉越快，最終成為無法阻擋的強大力量。我們的閱歷同樣如此，透過不斷學習、實踐、關懷和影響，扎實地把每一個階段用心完成，我們的影響力將在我們的生命中延展，甚至超越我們的個人存在。

小啟示

1、 正因為時間有限，一個人在世完成多少事蹟、產生多少影響力，才如此可貴。

2、 透過自己的修鍊，把正向傳遞出去給很多人是一種感恩，也是一種回饋。

3、 保持良好態度可以作為習慣的基石。

4、 唯有親身體驗，我們才能真正理解其中的奧妙。

5、 向他人求助並不是投機或消極，而是一種尋求協助的智慧。

6、 「人生多一分感恩，就多一分美化。」——證嚴法師

7、 閱歷不僅僅是個人的成長過程，是一種影響力的累積，是從個體到集體的延伸。

8、 「改變自己是自救，影響別人是救人。」影響力的累積不僅是個人成就，更是我們對周遭世界的回饋。

做事讓人放心，行善讓人安心

「**我講的話都給它放送出去，
生意人信和不信當面就知道。**」——**王永在**

　　做事品質要令人安心，品質好的成果反映認真與努力。除了品質要好之外，還須不斷增進本事能力，透過重複完成高品質，累積起自己的能力與本事，贏得他人信賴。這種能力的成長包括技術與解決問題的能力，是工作成功的基石。有了本事之後，懂事也同樣重要。尊重他人立場，尤其對領導者而言更是至關重要，有助於團隊和諧。謀事計劃能賦予更廣博的願景，除了專注於日常業務，還要有長遠的戰略和目標。在能顧全自身之時，便應該開始關注周遭，如企業不僅要追求經濟利益，還應該擔負起社會責任。透過行善，企業也可以建立起更好的聲譽和形象。

　　透過王永在先生的言語，能感受到他對自己為人處事的自信，確信自己完成的成果可以讓人放心信賴。他的話語也強調了自己言行一致、誠實可信的態度，而做事品質的重要性也在其中得以展現。要在商業世界贏得信任，除了言論，行動更是關鍵。品質好的成果是信任的基石，反映了認真投入和堅持追求卓越的態度。然而，僅憑品質不足以持久成功。持續增

進本事能力才能真正獲得人們的信賴，這種能力的累積是成功之路上不可或缺的部分，只有不斷學習並提升技能，才能脫穎而出。王永在曾說過，牙齒跟舌頭都會咬到了，怎麼可能八十多年都跟王永慶沒有過意見不同？只是不會吵給外人看，關起門來說清楚，走出門就永遠都是哥哥說話，才是台塑集團永不分家的關鍵。這是王永在先生為人的智慧，為了整體的利益，願意把自己隱藏在哥哥王永慶的光芒之下，低調地為整體付出，這也反映出他的深謀遠慮與圓融性格。

　　如何樂在學習、樂在工作、樂在生活及樂在生命？如何衡量自己的一生？我們可以學習王永在的風範及內涵，可以傳承他宏觀的理念及想法，所以我將王永在傳承給我們的觀念、精神及人生的目標，整合為本節中社會影響力的第二個階段：**行善讓人放心**。為了達到這個遠程的階段，我整理出系統性及思維性的框架和架構，希望讀者能脫離漫無目的探索，和沒有人生目標的生活，期許這個框架或架構能帶給讀者整體的觀念及整合性的思維。這個社會影響力第二階段的框架如下：

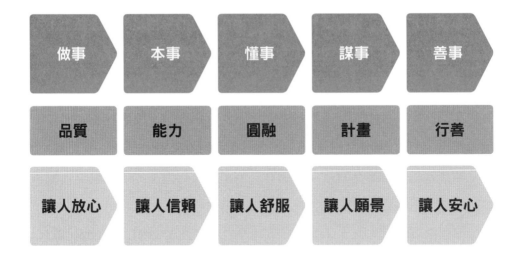

❶ 做事階段

　　做事的規律性和經驗架構讓人很放心。當我們能夠持續按照一定的流程和方法工作，將工作變得有條不紊，我們就能夠建立起一種可靠的信任感。這種規律性不僅能夠確保工作穩定進行，還能夠在遇到問題時提供有效的解決方案，讓人感到安心。當我們能夠在做事中保持優良的品質（準時、內容完善），人們就會感到放心。品質的保證不僅展現在我們完成的成果上，更展現在我們對細節和內容的關注上，是一種為人。

　　王永在不居功，所以外界不知總投資金額高達 5,744 億元的六輕工程，都是王永在掌舵。建廠四年，王永在南下麥寮就高達 225 次。當時六輕建廠，王永慶因兩岸糾紛到美國避風頭，王永在詢問哥哥決策意見時，王永

慶只說了我不了解狀況，你人在那裡，自己決定就好了。充分顯示王永在做事品質是令人極為放心的。在現代社會中，無論商業行為或日常做事態度，品質都是建立聲譽和信任的基石。當我們在工作中展現出持續的規律性、專注於品質和細節，人們會對我們的能力和信譽產生高度的信任感。正是這種信任感，使我們能夠在事業與人際關係中取得長遠的成功。

王永在的做事態度是極具示範意義的，他在六輕工程中的領導展現了優異品質的重要性。這種對品質的追求不僅表現在我們交付的成果中，更表現在我們對細節和內容的高度關注上。藉此，我們不僅是在做事，更是在塑造一種對自己的要求，這種要求能夠為我們在工作和生活中贏得信任和尊重。王永在帶領的六輕工程是一個極具挑戰性的項目，但他堅定與認真的態度，讓人放心交給他做決策。

❷ 本事階段

不應該僅僅要求自己把事情完成，而是要完成得好，透過追求品質的過程，培養自己的本事。具備本事的專家需要在專業領域中不斷深耕，提升技能和知識，在學習與實作中堆疊出經驗。從做事到成為具有優秀本事的人，這是一個持續的成長過程，且永無止盡。每一次的高品質要求，就是一次的進步。

與上一階段最大的不同在於，追求品質而讓人放心是一種技能、一種態度，而本事卻能轉化成一種人格特質。能依照不同的要求，高品質完成

某件事是一種本事；每次遇見難題都能快速做出好的決策，也是一種本事。每個人都有適合的本事，但本事追根究柢，還是磨練出來的，當中需要不斷的堆疊經驗，因為看得多、做得多，自然知道要怎麼應對進退。

「他們是老經驗，決策這麼快，像我要決策，可能就困難重重，要考慮個 3、4 天睡不著覺。」這是六輕建造時王文淵（王永在長子）所說。而這就是一個人的本事，讓人打從心底認可其經驗深厚或能力充足，是值得依靠且強大的人。

❸ 懂事階段

除了專注於做事和提升本事能力外，我們也應該注重人際關係的建立。懂事意味著我們能夠考慮他人的感受和立場，在互動中展現尊重和理解。無論在工作或日常生活中，與人相處都是不可避免的。具備懂事的特質，我們能夠更輕鬆與人交往，建立良好的關係。圓融的態度同樣適用於領導角色，能夠更好地引導和管理團隊。透過理解和顧及成員的立場，創造出更和諧的工作環境，提高團隊的凝聚力和效率。

雲林麥寮六輕煉化一貫廠，是全球最具競爭力的石化廠，幾乎完全出自王永在之手，但考慮到集團的整體和諧，他把功勞與光環留給哥哥王永慶，自己則藏在哥哥的光芒下默默耕耘。如開頭所提及，王家兄弟走出門，就都是由哥哥發號施令，這是王永在的圓融表現。前面兩個階段是在討論怎麼做事，而現在是討論怎麼做人。圓融的待人處事會影響身邊的人，即

使王文淵一直是大家認可的最佳接班人選，且是王長庚的長孫，他當時在面對敏感的台塑集團接班問題依舊低調避談。

在成功的背後，懂得圓融處事的重要性不容忽視。除了在專業技能和本事能力上不斷精進，我們也應該重視人際關係的建立。懂事的態度讓我們能夠更加細心地考慮他人的立場和感受，進而在互動中表現出尊重和理解。無論是在工作還是生活中，與他人的良好相處是一種重要的資產，更是一種豐富而有意義的生活態度。

❹ 謀事階段

在領導和管理的過程中，謀事計畫是不可或缺的。透過謀劃，我們能更全面考慮整個組織、團體的未來發展。不僅要關注當前的狀況，更需要制定長遠的目標和策略，為整體的發展方向定下明確的路線圖，團隊才會有共同的願景，凝聚向心力共同前進。

我們可以學習王永在先生長遠的目光，雖然無法考證他在台塑企業中的做法，但從其謙虛不居功的性格能知道，他寧願自己不要綻放光彩，也希望整個台塑企業可以團結一致地前進，讓哥哥王永慶作為整個集團的精神標誌。他不關注自己的個人成就，更關心整個團隊的凝聚力和發展。這種思維不僅是領導者的美德，也展現了他對組織共同目標的承諾，可以讓整個企業都有一致的方向：跟隨「王永慶」所說的方向走。

我們可以從王永在先生的例子中汲取啟示。在謀事階段，我們應該制

定長遠的計畫，為組織的未來發展定下明確的方向。同時，我們也應該關心團隊的凝聚力和共識，讓每個成員都能夠參與其中，共同創造出更美好的未來。這種圓融的思維和願景，不僅能夠引領我們在事業上取得成功，也能夠豐富我們的人生價值觀。

❺ 善事階段

隨著事業的成功，行善也是不可或缺的一環。企業的成功不僅僅是在經濟層面，更需要在社會責任上有所承擔。行善不僅能夠建立企業的良好聲譽，還能夠讓人感到安心。在追求商業成功的同時，企業也應該著眼於社會和環境的可持續發展。這包括環保措施、慈善捐助、社區參與等方面。透過這些行為，企業能夠回饋社會，改善環境，並提升人們對企業的信任感。

由王永在一手打造的台塑麥寮廠，之所以能順利建立並發展起來，是因為他對周圍居民及環境的友好，敦親睦鄰地幫助雲林在地發展，當中包括台塑志工淨灘活動、主動購買雲林滯銷的農產品幫助農民、補助當地弱勢族群（近五千戶受惠）……，種種善盡社會責任的行為，都展現了他對社會的關懷和責任感。

行善不僅僅是企業成功的一部分，更是我們對社會和他人的責任。透過行善，我們不僅可以建立良好的企業形象，還可以創造出更美好的社會環境，讓人們感到安心和信任。無論是企業還是個人，行善的價值都不可

低估，是我們共同追求的目標，也是我們對這個世界的回饋。

✚ 海潮效應

　　海水因天體的引力而湧起，引力大則出現大潮，引力小則出現小潮，引力過弱則無潮。以人與社會之間的關係解釋，就是社會需要人才，時代呼喚人才，人才應運而生。

　　專注於做事，並追求卓越的品質，能贏得人的信任。接著是不斷提升本事能力，展現出卓越的專業技能，讓人對他的能力深信不疑。做事和本事相結合，建立起人們對自己的安心感。其次，要懂事地考慮他人感受和立場，這種關心他人的態度在人際關係中贏得尊重和支持，同時在領導團隊時也能創造和諧的環境。制定了謀事計畫，才會有長遠的目標和策略，這種對未來的規劃引領著組織朝著共同願景發展。最終在事業取得經濟成功的同時也關注行善、回饋社會，這種社會責任感加強了人們的尊敬。當時王永在先生接下推動六輕工業園區的重擔，在雲林麥寮成功完成推動六輕的任務，從滿是風沙塵土的滄海荒地，經過填海造陸，短短數年，即建造出極具規模與效率的煉化一體石化園區。六輕能夠如此順利落腳於麥寮，正是因為台塑企業對雲林在地的回饋，如敦親睦鄰計劃、常駐的淨灘和弱勢補助活動……等，這樣負責且友善的主動對外，也為台塑企業吸引更多人才。

　　如同王永在為台塑企業的奉獻，每一階段的踏實完成，台塑企業才得

以凝聚如此多的人才；因為有了王永在低調認真的智慧，讓台塑企業成為台灣屈指可數的優秀企業。好的領導者、好的輔助者，都一步一步為整體做考量，每一次決策都是在展現自己的實力，透過行為說話，讓人們心甘情願地追隨，有好的待遇、好的形象，又怎麼能不吸引人才呢？

💡 小啟示

1. 品質的保證不僅展現在我們完成的成果上，更展現在我們對細節和內容的關注上，這是一種為人。
2. 成功的背後，懂得圓融處事的重要性不容忽視。
3. 比起自己的個人成就，更關心整個團隊的凝聚力和發展。這種思維不僅是領導者的美德，也展現了對組織共同目標的承諾。
4. 無論是企業還是個人，行善的價值都不可低估，是我們共同追求的目標，也是我們對這個世界的回饋。
5. 對自身有要求，做出好的榜樣才會有人追隨。

良好習慣造就人生，良善行為感動人生

「**教育不是口號，教育是樹人的志業；
品德不是八股，品德是做人的基礎。**」——洪蘭

　　洪蘭教授是一名致力於研究認知神經科學的專業學者，也將其專業應用於教育領域中，透過有根據的科學方式去探討教育方式與學習記憶的機制。洪蘭每年有大約一百場演講，致力於推廣教育與提供偏遠地區的學童提供書籍與衣物，這樣的善行不僅能影響學子未來的發展，甚至會改變教育者思想及教育方式，從根本開始影響，引導整個教育的生態。她謹守從父親傳承下來「五十歲以後回饋社會」的家訓，多年來為城鄉學子與教育領域投注無數精力、金錢與時間，且樂在其中。她曾說：「成功是短暫的快樂，成就卻是回味無窮的幸福。」

　　小至良好的習慣、良知及道德，保持積極的思維、規律的生活作息、誠實守信，這些小事情累積起來能構建一個穩固的個人基礎。大至主動從善，引導他人感動他人，從自己開始做起，到能對別人產生好的影響。在我們成長學習、工作到退休的過程中，養成良好的習慣與良知道德，可以造就及影響我們自己的人生，帶來正向的成長，充實自身的底氣。

　　如何樂在學習、樂在工作、樂在生活及樂在生命？如何衡量自己的一生？我們可以學習洪蘭女士的風範及內涵，也可以傳承她宏觀的理念及想法，所以我將洪蘭傳承給我們的觀念、精神及人生的目標，整合為本節中社會影響力第三階段：**良好習慣造就人生，良善行為感動人生**。為了達到這個遠程的階段，我整理出系統性及思維性的框架和架構，希望讀者能脫離漫無目的探索，和沒有人生目標的生活，期許這個框架或架構能帶給讀者整體的觀念及整合性的思維。這個社會影響力第三階段的框架如下：

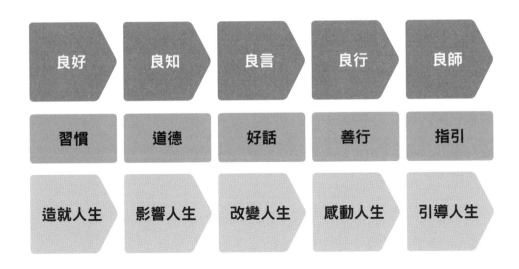

❶ 良好階段

洪蘭曾說：「由實驗發現，即使最簡單的選擇，都會耗費大腦的能源。

大腦是個有限的資源，只有 3 磅重，佔體重的 2%，卻用掉 20% 能源。它無法時時刻刻注意所有刺激，因此一天中 20% 的行為是習慣化的行為。而品格決定命運，習慣決定機會，要讓孩子從小養成好習慣。」讓未成年孩童對日常生活的例行瑣事做過多決定，是浪費心智能量的有限資源，這是洪蘭闡述中所提到的實驗。由此可知養成好習慣，減低心智能量的無謂耗損，是極為重要的環節。

　　良好的習慣是塑造人生成功和滿足的重要元素。習慣不僅關係到個人成就，也影響到生活的品質和心靈的豐盈，特別是在現代的快節奏生活中，培養良好的習慣變得至關重要，因為它們有助於建立堅實的生活基礎、提高效率，並大幅降低無謂的心智能量損耗。建立日常的例行活動也是培養良好習慣的有效途徑，好比早晨起床、工作、學習、運動和睡眠的時間。這樣的固定日程，會建立起生活的組織性和節奏感，使我們的生活更有秩序，也無需多費心力。除此之外，生活方式的健康同樣是良好習慣的一部分。養成良好的飲食和運動習慣有益於身體健康，還有助提高日常生活中的精神狀態和工作效率。

　　透過關注自己的身體、養成良好習慣，我們可以擁有更多能量和動力去面對生活中更需要心智能量的難題或挑戰。良好的習慣是一種生活藝術，需要不斷努力和培養。透過明確的目標、固定的日常活動、健康的生活方式和種種良好習慣的結合，造就你的人生。

❷ 良知階段

　　洪蘭道：「在團隊的時代，品德和習慣的重要性，絕不亞於學識和能力。」在現實世界裡，道德和知識常常用於衡量一個人的價值，如果有人缺乏知識，那他的價值仍然有機會用好的道德彌補。但如果有人缺乏道德，有再多的知識也無法挽回。

　　良知與道德何以影響我們的人生？我們要先知曉，道德並不是一種約束或束縛，而是一種內在的自律和自我引導。在這混沌多變的社會裡，道德是我們內心深處的良知和價值觀的展現，是我們對善惡、公正與否的內在判斷。這種自我約束不僅是人格塑造的基礎，更是心靈成長的引擎。在深入體驗自我與他人之間的連結時，道德成為了我們與社會互動的規範，鞏固了我們在這個世界中的位置。道德在人際關係的建立和維護中扮演了關鍵的角色，一個遵從道德準則的個體，更容易贏得他人的信任和尊重。這種信任是一種無形資產，能夠在困難時支撐我們，讓我們更好地應對生活的挑戰。在人際互動中，道德準則也能幫助我們更好地理解他人，建立深厚的情感連結，這是單憑知識遠遠無法企及的富足。

　　道德的引導使我們不僅關注自己的內在需求，同時也注重如何為他人和社會做出積極貢獻，達到一種更高層次的心靈成熟，影響我們的人生。

❸ 良言階段

　　洪蘭曾在著作中提出：「每一句負面的話，需要四句正向的話才能抵消它的影響，而孩子在家中，每十句話中只有一句是正向的，在學校是七句只有一句。這種做法有一個很可怕的後果就是『自我實現』，如果我們每天罵他是豬，最後他就變成了豬。」這說明了說好話的重要性，以及說好話為什麼會改變一個人的人生（自我實現）。

　　在這個瞬息萬變的現代社會中，我們時常忽略了一種強大的力量，那就是「言語」。言辭的力量不僅僅表現在表面的溝通，更深刻地影響著人們的成長方向和人生道路。在人際互動中，言語就如同一種魔法，有著無窮的可能性。我們經常低估一句善言的力量，一句激勵人心的話語，能夠撫慰疲憊的心靈，激發對未來的希望。言語能夠打開人們的心扉，讓愛、理解和同理心湧入。當我們選擇用正面、鼓勵的語言與他人互動時，我們實際上是在播下種子，讓對方心靈的花朵綻放，也能夠改變人們對自己的看法。也因此，透過良言我們能夠創造一個充滿正能量的氛圍，不僅改變他人的人生，也改變自己的人生，讓自己的心靈更加富足。

　　良言如春風，說好話不僅能夠改變當下的情緒，更能夠改變整個人生的軌跡。透過正面的言語互動，我們可以在他人的心靈層面上留下深刻的印記，啟發他們超越困境，找到人生目標。一句真誠的讚美、一句振奮的鼓勵，可能是他們人生中或是當下最需要的力量，也是我們能夠給予的最珍貴禮物。善用自己的語言力量，成為他人人生中的陽光。

❹ 良行階段

　　洪蘭曾說過：「生活中再微小的善行都能結善緣。當你真心付出、不求回報時，這個善的力量會以不同的方式回到你身上，這就是『為人點燈，明在我前』。」生活中微小的善舉，或許在當下看似微不足道，卻擁有能結善緣的神奇魔力。當我們真心付出，不計較回報時，這份無私的愛與善意將以意料之外的方式回到我們的生命中，彷彿一盞點燈之光，溫暖著前行的路。

　　善行就像湖面上的水滴，雖然微小，卻具有連鎖的效應。當我們投入一份真誠的善意，就像投入湖中的水滴，漣漪開始擴散。這種善的力量並非單一而短暫，而是在生命湖泊中持續擴散。或許一開始只影響了身邊的人，但隨著漣漪擴大，將觸及更遠的地方，最終這道名為善的波，會不斷傳遞到整個湖面，也就是我們所生活的社會中。主動從事善行的過程，我們不僅能夠給予別人物質上的幫助，更能夠在心靈上感動他人。當我們主動關心、主動付出，我們成為了善意的傳播者，這種人與人之間的情感連結超越了言語，深深觸及受惠者的心靈。除了對個人，善行也可以是直接地對社會。在參與公益活動、幫助弱勢族群的時候，透過我們自身的力量，在能力所及的範圍內，成為了社會進步的推動者。如同洪蘭女士在教育領域的無私奉獻一樣，不求回報地推動著整個社會成長茁壯，幫助需要的人，讓他們擁有改變困境的力量。

　　善行並不僅僅是一種行為，更是一種生活態度。用自己的善意點燃他

人的心靈，並在善行中找到屬於自己的人生價值。你的一份善行，或許將改變一個人的人生，甚至改變整個世界的未來。

⑤ 良師階段

　　對應開頭所引用的洪蘭的話：「教育不是口號，教育是樹人的志業。」洪蘭女士所關注的並不僅止於直接教育，她同時也引導了許多身為教育者應該省思的事情，利用自己的腦科學專業，有憑有據地去證實教育的方式與機制是如何運行的，引導教育者去成為一名好的老師，間接使更多人接受到優良的教導方式。

　　成為領導者之前，前面四個階段都是至關重要的成長過程，透過樹立好的習慣與道德觀，建立自己的形象與信用，在引導別人的時候才能更有信服力。習慣說好話和幫助人，讓自己的心靈感到富足，無需藉由物質回饋才能感到喜悅，最後才是成為一名好的老師。引導他人最明顯的優點就是共享成就感，當引導對象真的因自己的幫助成長茁壯且有所為，那自己也會打從心底感受到滿足。引導他人的過程中，同時也會深化對自我的認識，因為理解他人的需求與擔憂，也會不自覺反思自己的行為模式與思維。換句話說，引導他人其實就是在引導自己。

　　良師不是名號，也不僅是為他人服務，更是一種對自己心靈豐盈的投資。主動成為他人的引路明燈，也會在自己生命中感受到更高層次的滿足。

✚ 冰山理論效應

冰山理論效應是由薩提爾提出的，主要述說人分為內在與外在，能直接觀察的只有外在行為，而無法直接觀察到的內在又分為六種，由下而上逐漸堆疊，依序從自我、渴望、期待、觀點、情緒及應對方式，最終才會有浮出水面的「行為」。

洪蘭鼓勵孩子去做義工，「從付出中學習，做一個被別人需要的人，因為生命的意義在於找到自己存在的價值。」這段話便是期望能引導孩子找到自我，理解自我價值之後才會有後續的發展。根據自我，養成好習慣與好品德，逐漸開始去將好的思想與觀念傳播給別人，說好話、做好事、存好心，最終也能成為一名良師，因為最一開始有將最深處的自我價值訂定好，進而引導他人走上正向的循環。

小啟示

1. 從自己開始做起，到能對別人產生好的影響。

2. 良好的習慣是一種生活的藝術，需要不斷的努力和培養。

3. 道德並不是一種約束或束縛，而是一種內在的自律和自我引導。

4. 良言如春風，說好話不僅能夠改變當下的情緒，更能夠改變整個人生的軌跡。

5. 善行並不僅僅是一種行為，更是一種生活態度。用自己的善意點燃他人的心靈，並在善行中找到屬於自己的人生價值。

6. 引導他人其實也是在引導自己。

7. 養成好習慣與好品德，說好話、做好事、存好心，最終也能成為一名良師。

發願是行為的動力，並且依願而行

「台灣議會的設置，是台灣人唯一的活路。」——蔣渭水

　　這句話是蔣渭水在台灣議會設置請願運動所說，為全體台灣人發願，並且依願而行。這是台灣在日據時期歷時最久的一場社會運動，蔣渭水也是領導人之一，雖然經歷十多次的請願後仍然以失敗告終，但也讓後續台灣的法治意識逐漸高漲，帶動台灣追求自治的進程。這同時證明了事情的結果是長遠的，單純以目標的成敗決定行動價值是狹隘的。

　　我們一生都在追求，追求更好的生活、追求圓滿的結局。而在追求的過程中，從想法到實踐的路上，我們可以劃分成五步驟：心願、許願、發願、自願、行願。首先是心願，心願就是心中想要的，每個人都有心願，可能是想達成的夢想或目標，這個階段的想要仍停在心中，而為了達成心願，我們會進到下一步的許願。正因為我們想要，我們會去祈求、會去許願，把心願清楚的說出來。許願後，我們仍離實踐有一段距離，因為我們需要行動力，於是我們發願，發願是立下誓約，確定自己想要去做。但要做好一件事，需要發自內心地想做到，這就是自願，我們讓自己的內心內化，才能心甘情願地行動。到了最後一步行願，有別於前面所述的為己，這裡

的行願更多是為社會、為教育、為了大局,利己利他才是最好的實踐。

　　如何樂在學習、樂在工作、樂在生活及樂在生命?如何衡量自己的一生?我們可以學習蔣渭水的風範及內涵,可以傳承他宏觀的理念及想法,所以我將蔣渭水傳承給我們的觀念、精神及人生的目標,整合為本節中社會影響力的第四個階段:為了達到這個遠程的階段,我整理出系統性及思維性的框架和架構,希望讀者能脫離漫無目的探索,和沒有人生目標的生活,期許這個框架或架構能帶給讀者整體的觀念及整合性的思維,在這個社會影響力第四階段的框架如下:

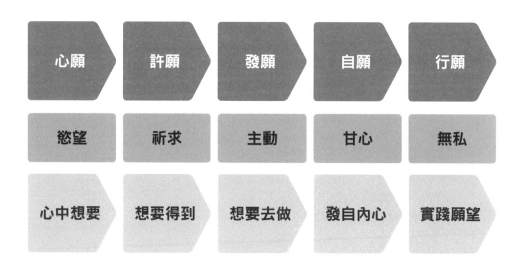

❶ 心願階段

慾望是人類最純粹的動機，每個人都有心願，最初的心願延續下去，才會有接下來的行為去追求、去實踐。在每一個階段裡面，都會持續不斷有心願被放大和被淘汰，這樣篩選慾望的過程是透過家庭及學校教育，給予我們的觀念，去初步篩選自己的慾望。要能夠明辨是非，有些慾望是壞的，會傷害到別人、有害於社會的，這些慾望就不能延續下去，而是要將好的慾望，例如想要讓社會更美好，想要幫助到別人……等，保存並延續下去，透過實際行動完成好的慾望。

有些心願是遙遠且沉重的，難以將其長久掌握在手中，這些事情是有挑戰性的，通常會是長期目標，達成門檻高，但這些心願反而是高品質的，因為份量重，一次不能擁有太多，只需要精確且實際的一個，就可以給予生活更大的動機，達成之時獲得的快樂也才是真實且恆久的。很多時候我們會沉浸在廉價快樂裡，例如遊戲、無效社交及偷懶……等，這些容易取得的快樂、快感很容易消逝，卻忽略最大且持久的快樂，其實來自成就與實現。

❷ 許願階段

當好的心願被篩選出來，我們明確知道自己想要得到什麼之後，就不能把心願永遠藏在心裡，放在心裡的願望很難刺激自己完成。許願這個動

作促成了心願的延續，把心裡所想的說出來才會有下一步，才會更想要讓心願成真。反過來說，真正優質的慾望會讓人主動許願。許願的形式有很多種，有些人會隨信仰去拿香拜拜、雙手合十祈禱、向自己相信的神承諾還願，小至默默寫下願望貼在工作桌前，或是找人討論，這些都是許願，形式如何並不重要，這是讓自己去努力追隨夢想的一個步驟──強化自己的心願。

台灣議會設置請願運動也是把心願說出來的經典範例，1921 年 1 月 30 日，由林獻堂、蔣渭水在內等 178 人連署，其中以東京台灣留學生為主體，第一次向日本帝國議會正式提出「台灣議會設置請願書」，遭到「不採擇」（不採納）的結果。雖然結果並沒有獲得採納，但這樣的發聲也在後續促成更多當時的島內人士關注這樣的議題，有些人聲援、有些人以加入行動作為支持。把心願說出來就會有更多的人看見自己的心願，且願意幫助自己。

❸ 發願階段

立下誓言與承諾時常伴隨著壓力，這份壓力會適當地促成我們執行計畫以實現目標，這份「願」的力量是心願與許願無可比擬的。因為必須完成承諾，所以必須起身行動，不做便永遠不會完成，發願階段需要制定更詳盡的規劃，考慮實際行動時會有的變數，才不會在接下來的路途上產生太多挫敗與失望。

發願是因為想要去做，所以主動立下誓言，一旦心願被清晰地表達出來，接下來的步驟就是採取行動來實現它。這個階段稱為發願。發願是將願望轉化為實際行動的決心和承諾。當你發願時，你向自己承諾要為實現心願而努力奮鬥，不僅僅是口頭上的承諾，更是內心的堅定意志。發願不僅是對自己的承諾，還可以是對他人或社會的承諾，這意味著我們願意為了實現自己的願望，而為社會或他人做出貢獻、努力完成。發願是一個積極的行動，驅使你朝著實現目標的方向前進。

❹ 自願階段

自願是一種內在的動力，源於內心的真誠和渴望。在這個階段，不僅僅是因為外部壓力或約束（自己的承諾）而行動，而是出於自己的意願和內心的願望。你甘願為了實現心願而付出努力，因為你深信這個願望對你自己和社會都有積極的影響。發自內心的自願行動是堅定不移的，因為它來自內心的信仰和價值觀。這種內在動力可以幫助你克服困難，保持動力，因為你相信自己的努力是值得的。

蔣渭水當時在宜蘭當醫生，結識林獻堂後受到薰陶，讓蔣渭水覺得醫生不只要醫病，也要對國家社會有貢獻，隨後自願創立台灣文化協會，開始四處演講啟發民智，為了解決臺灣知識營養不足的問題，還以自身的醫學專長，用淺顯的術語發表「臨床講義」，帶入台灣的現況，用委婉的詞彙點出台灣應該如何解決智識營養不良的問題。這樣自發性的行動，不只

是為了外在的獎勵或認可，如同心願階段所提及的優質快樂與廉價快樂的
區別，之所以自願能夠感到充實與滿足，是因為遵循內心所想，無需外
在的物質或認同才有動力。自願行動的當下已經依循著自己渴望的事物前
進，只要能夠對自己或大眾產生正向的影響，就會有反饋讓自己更有動力
執行，才會甘心。

❺ 行願階段

　　行願階段是人生旅程中的高峰，標誌著我們不僅僅關注自己的夢想，
還願意為社會和他人的福祉付出。這是讓我們的內在價值觀和使命感發揮
作用的階段。

　　行願是在呼籲我們超越個人利益，將自己的力量用於造福他人和社
會。首先是一種無私的行動。它不是為了個人的權力、財富或名聲，而是
為了改變世界、緩解困境，為那些需要幫助的人提供支持。這種無私的精
神使我們超越了自己的侷限，關注了社會的整體福祉。不僅僅是捐款或參
加慈善活動，而是積極參與社會事務，為社會的不公義現象提供解決方案。
這可能包括參與環保項目、支持弱勢群體、推動教育改革，或是參與其他
有益於社會的活動。透過這種參與，我們能夠深刻理解社會的需求，並為
之努力奮鬥。儘管行願階段強調的是無私，表面看起來並不能對個人需求
有所滿足，但透過我們前面的心願、許願、發願、自願四個階段的建立，
去實現一件事情將不再需要物質的滿足或外在的認可，我們能夠透過實現

目標這件事本身獲得成就感與樂趣，變成一種「大家好我也好」的心境，只要能夠為社會造成一點點好的影響，自己的心靈也會隨之更加充實，而非淺層的我能獲得權力、錢財⋯⋯等。

行願同時也是一個持續的承諾，不僅是一次性的行動，而是長期參與的承諾。我們需要堅持不懈地為我們的目標而努力，並時刻關注社會的需求。隨著時間的推移，我們的行動將有助於持續改善社會，從利己到利他，成全他人就能成就自己。

上醫醫國的蔣渭水一生致力於推動政治、文化與社會運動，在台灣近代民族運動史扮演著承先啟後的關鍵人物。最一開始在宜蘭當醫生，為人治病也是利他，只是他藉由自身的影響力去擴大到整個國家的改革與推動，他把自己奉獻給社會，即便因此被判刑入獄，推動的改革也遭到駁回，蔣渭水到最後仍然堅守自己的心願、行願。

✚ 皮格馬利翁效應

皮格馬利翁效應又稱期待效應，指人心中如何期望，最終就會獲得何種成就。只要打從心底相信事情會往好的方向發展，事情就一定會順利進行；反之，覺得事情不在自己的掌握中，最後便會越來越失控。

心願與許願初步篩選不好的慾望，並確信自己該往何處前行；發願是鞏固自信的基礎，要相信自己能做到並立下誓言；自願是完善自己行動的目的，清楚知道自己為何而努力；最後的行願即是理解自己能為社會大眾

做出什麼奉獻，要如何讓大眾更好，相信自己能夠產生社會影響力。

　　本節代表人物蔣渭水在參與社會運動時，並不會一開始就認為自己的請願會遭到駁回甚至讓自己被判刑入獄，他只是相信自己能為當時以及未來的台灣帶來正向的影響，抱持這個信念去行願。最終雖然台灣議會設置請願運動並沒有最完美的結果，卻仍然帶來諸多影響，如同開頭所說的讓台灣法治意識高漲，帶動了台灣推動自治的進程。事情發展最終如蔣渭水所發願，並依願而行，讓台灣的「病」一步一步醫治完畢。

小啟示

1. 事情的結果是長遠的，單純以目標的成敗。決定行動價值是狹隘的。
2. 廉價的快樂容易消逝，真正持久的快樂來自成就與實現。
3. 發願不僅是對自己的承諾，還可以是對他人或社會的承諾。
4. 自願能夠感到充實與滿足，是因為遵循內心所想，無需外在的物質或認同才有動力。
5. 從利己到利他，成全他人就能成就自己。
6. 要相信自己的目標，激勵自己往好的方向發展。

CHAPTER 03

生命創造力

LIFE
CREATIVITY

學習階段如何應用，人生階段如何善用

「到花蓮很遠，去美國很近。」──黃勝雄醫師

　　如何在學習階段應用技能，如何在人生階段善用能力，是我們應該學會的課題，在本節與讀者們分享，技能如何應用得當，能力如何善用妥當。本節人物選擇以一名無私的黃勝雄醫師，透過黃勝雄醫師的智慧與慈愛，學習在人生不同階段的應對進退，如何權衡社會與個人利益。

　　醫師在台灣是一種偉大的職業，救治百病，懸壺濟世。特別在台灣，台灣雖地域狹長，面積不大，但是城鄉差距卻相當明顯，這同樣也映照出城鄉與貧富差距的現實面。在偏鄉地區，除了貧困之外，也常帶有發展機會較少的問題，這也造成了「到花蓮很遠，去美國很近」的狀況，醫師們願意往美國發展，卻不願意深耕偏鄉。黃勝雄醫師從非醫師專業到下定決心學醫從醫，之後到美國做醫生，最後回到台灣，台北、花蓮兩邊跑，這是從學習應用到人生善用的典範。明知台灣待遇不如在國外發展，仍毅然決然回到台灣服務，也投入許多資源在教育與公益。根據報導，黃勝雄醫師有三分之二以上的薪俸都投入在公益與教育，並說：「如果為了薪水留在美國，我就是沒有靈魂的人！」如何善用自己的技能造福社會回饋世界，

讓我們生活的環境更美更善良，需要在學習階段能夠綜觀，在開通智慧後綜觀全局，了解到個人與社會之間的緊密關聯。

　　如何樂在學習、樂在工作、樂在生活及樂在生命？如何衡量自己的一生？我們可以學習黃勝雄的風範及內涵，可以傳承他宏觀的理念及想法。所以我將黃勝雄傳承給我們的觀念、精神及人生的目標整合到本書的生命創造力第一階段：**學習階段如何應用，人生階段如何善用**。為了達到這個遠程的階段，我將階段的完成必須要擁有系統性及思維性的框架或學習的架構，才能讓讀者脫離漫無目的探索，和沒有人生目標的生活，期許這個框架或架構能帶給讀者整體的觀念及整合性的思維。生命創造力的第一個階段框架如下：

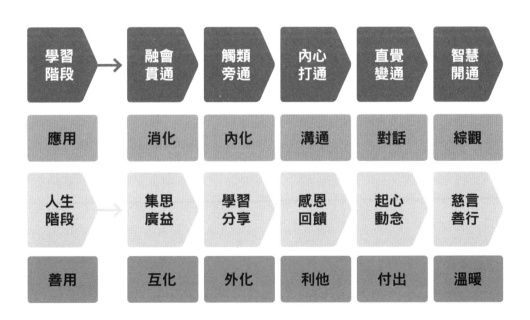

✚ 學習階段

❶ 融會貫通

在學習階段的開始，面臨龐大的知識與學問，一定要能理解其中的運作原理，將陌生的未知消化成為自己的知識，才可以在未來靈活運用在需要的場合與情境。學習是一個漸進且豐富多變的過程，並不是簡單地記住或學會某些內容，而是要能將所學消化理解，當能夠融會貫通之時，知識才可以被置於更大更廣闊的環境，並且在未來變得能夠結合不同的知識產生新的見解與觀點。當我們僅僅是臨時性地學習某個知識時，可能會很快忘記。但是，當我們透過融會貫通，將知識與知識之間緊密結合，就能夠更牢固地儲存在我們的大腦中，形成長期記憶，使得我們能夠更持久地應用這些知識。

以本節代表人物黃勝雄的職業為例，醫師所要學習的知識極為龐大，並且未來要針對人體做出醫療處置，所以在學習上絲毫不可馬虎。在這樣的職業環境要求之下，醫師的學習過程勢必要融會貫通，能夠有邏輯地整合所學，才能確保自身技能在應用之時不會出差錯。雖然其他領域或職業的要求可能不如醫師般如此嚴苛，但融會貫通的學習方式仍是我們必須活用的，人的一生不斷學習進步，在未來溫故知新之時，也能保持記憶猶新的狀態，做到知識與知識的連結。

❷ 觸類旁通

　　觸類旁通有助增進學習的靈活性。單一知識領域雖然有深度，但當我們學會將已知的概念或技能，應用到其他相似但不同的情境中時，學習就變得更有廣度。這種思考方式使我們能在各種情境中靈活運用知識，培養解決不同問題的能力，這也是激發創造力和創新思維的有效途徑。透過在不同領域間找尋相似性，我們能夠啟發出新的點子，將不同元素結合成獨特的解決方案。這種跨領域的思考方式促進了創新思維的培養，使我們更具創造性。

　　除了在學習之中，應用的過程也需要觸類旁通。在醫師的職業領域中，不同患者有不同的個體差異需求，每一位患者都是獨特的，觸類旁通能使醫師將先前的經驗與知識應用到新的病例中，更有效制定個別化的治療方案。同樣的，隨著科技與技術不斷發展，醫療技術也日新月異不斷進化，新的技術與研究成果都是需要不斷更新學習的，能將新知與原有知識結合，才能做到最恰當且符合時代的醫療處置。

❸ 內心打通

　　無論是在讀書或應用的過程，其實都是在學習。與他人溝通可以加快學習速度，得到不同角度的觀點或方式，將內心打通學習溝通，不帶有既定立場地與他人交流，可以快速獲取知識，也可以透過交流的過程去尋找

自己的不足，自己與對方的差異或是認知的不同，都是我們可以參照學習的模範。唯有放下自己的成見，在與他人交流的過程中，不僅要表達自己的觀點，同樣也需要理解和接受對方的看法。將內心打通願意傾聽，才能有效地從溝通學習，才算真正的學會溝通。

溝通的過程中，透過向他人解釋一個概念或主題，我們被迫結構化自己的思維，確保表達清晰。這不僅有助於他人理解，同時也強化自己對知識的掌握。這種雙向的溝通過程，有助於確保知識不僅僅停留在表面，而是深入心靈。黃勝雄醫師曾擔任過前美國總統雷根的隨行醫師，演員出身的雷根擁有其他總統所不具備的幽默感。黃勝雄曾說：「我在雷根身上學會了以幽默化解緊張的氣氛。」在溝通的過程中加入適當的幽默，時常可以化解溝通的障礙與衝突。這樣的經驗學習，甚至影響了黃勝雄後來返台擔任門諾醫院院長的處事態度與方式。

❹ 直覺變通

經過前面學習階段不斷的練習與經驗累積，學會的知識與技能變得能夠應用自如，能夠應對不同環境，馬上流暢地變通，達到直覺變通的階段時，在與人對談交流的過程，可以很快做出連結並回應，才算是學會如何應用。

黃勝雄 54 歲返台行醫時曾說：「生命真正的意義不在物質，我是回台灣買靈魂的。」這是經歷了人生前面的學習與應用，累積起來後得出的

智慧，是他對於台灣醫療資源分配不均所作出的變通，選擇回到台灣為偏鄉作醫療服務。從利己到利他是很不容易的過程，除了對於偏鄉醫療的貢獻之外，黃勝雄也積極參與公益宣講與活動，在分享對話的過程若不能夠直覺變通，也無法發自內心的對聽者侃侃而談，甚至讓聽眾能由衷感動、感謝。

❺ 智慧開通

聰明的人很多，有智慧的人卻很少。在學習的過程中，我們不僅要掌握知識和技能，還要培養一種能力，那就是綜觀全局的智慧。這種能力就是能夠從整體的角度來看待和處理問題，而不是只關注局部或個人的利益。這種能力對於學習非常重要，可以幫助我們理解事物的本質和關聯，考慮整體之中各種可能的影響和後果，做出更合理和負責任的決策，同時透過調整自己的行為和態度，以及與他人合作和溝通達到更完美的平衡。

1993 年，黃勝雄醫師受到門諾醫院美籍創院院長薄柔纜的感召，決定告別在美國的一切，回到花蓮門諾醫院擔任院長，並將薪資中三分之二捐作公益慈善用途。他在該醫院工作 22 年後，於 77 歲退休，繼續從事醫療、教學、慈善及宣道事業。他的一生充滿了犧牲和奉獻，也展現了綜觀全局的能力。他曾經說過：「我不是為了自己而回台灣，我是為了台灣而回台灣。」認為自己的決定是出於對台灣的愛，而不是出於自私或利益關係。他也是如何調整自己的行為和態度，以適應不同的環境和情況，而不是固

執己見和自以為是。醫院的成功不在於賺多少錢，而在於病人和員工的滿足，以及社區整體的發展。透過這樣的例子可以發現擁有智慧的人並不著眼於自身的蠅頭小利，而是願意將自己奉獻給社會與其他人，成全大家都更好的整體環境，我想這就是綜觀的智慧。

在學習階段努力朝向有智慧的全人發展，而非嚮往當一個聰明的人。要學習黃勝雄醫師傳遞給我們的精神，他能夠從整體的角度來看待自己的生命和職業，而不是只關注物質和地位。他也曾說：「我有大房子、很好的車，物質上的東西我都有，但生命真正的意義不在物質，我是回台灣買靈魂的。」他認為自己的使命是服務台灣的醫療和福音，而不是追求個人的享樂和榮耀。能夠認清自己來到世界上的使命，並且貫徹始終地走在這條路上，無非是人生的意義之一。

✚ 人生階段

知識與技能的應用是自己的練習，透過學習階段不斷地練習，將人生的基礎打穩，當能力轉變為實力時，就能夠善用自己的智慧與專長去回饋社會幫助他人。

❶ 集思廣益

無論在人生的任何階段，我們都需要不斷提升自己的能力，以適應不

斷變化的環境和需求。但是，能力的提升與成熟並不代表可以獨自將事情做好，相反地因為能力成熟了，我們才更需要跟眾人互相討論、集思廣益、互化思維，以達到更高的境界和更好的效果。透過彼此的交流討論，可以拓寬我們的視野和知識廣度，而不會故步自封，活化知識與能力的功能，從應用到善用，讓學習階段得到的每一項技能，都達到最大程度的活用。

黃勝雄曾說：「我不是來花蓮教別人，我是來花蓮學習的。」即便他回到花蓮服務時，已經進入中年且累積非常多實務經驗與醫學知識，他仍然抱著開放的心去接受新的事物，而不帶有任何自滿與驕傲。他尊重在醫院工作的每一位同仁，也尊重每位病患的想法，不因自己經歷豐富或過去事業的成功而自視甚高。黃勝雄同時也與國內外的醫學界和基督教界交流合作，引進和推廣先進的醫療技術和理念，為花東地區的醫療和福音事業做出了巨大貢獻。

保持開放的心態去與他人交流互動，是從應用到善用的過度條件，若因自己能力茁壯而封閉自我停止學習，那可謂是最大的損失。正所謂志不可滿，不可以因為自滿而停止思考學習，持續不斷與他人交流互動，拓寬我們的視野和知識廣度，集思廣益。

❷ 學習分享

人生的旅途中，每個人都會遇到各種挑戰和機會，也會不斷學習和成長。有些人在某一方面有著出眾的能力，例如學業、事業、藝術、運動等。

這些能力是他們付出努力和時間的成果，也是他們的財富和榮耀。然而，當人們的能力成熟之後，他們是否應該只為自己保留和享受呢？還是應該學習分享，將他們的能力用於幫助他人和社會呢？在能力成熟之後，學習分享是一件有益的事情，因為這樣可以讓人們的生命更有意義和價值。分享不僅可以讓人們的能力得到更好的發揮和提升，分享自己能力的成果也能讓社會更圓滿公平，為社會貢獻一份力量和正能量。分享是一種美德，也是一種智慧。

黃勝雄曾經說過：「我有大房子、很好的車，物質上的東西我都有，但生命真正的意義不在物質，我是回台灣買靈魂的。」即便黃勝雄在美國擔任醫院主任，享有高聲譽和高收入。然而，他在 1993 年受到基督教門諾會的薄柔纜醫師的邀請後，仍然決定辭去在美國的一切，回到花蓮服務。除了為當地的醫療服務和教育事業做出了巨大的貢獻，也為許多貧困和偏遠地區的居民，提供了醫療服務和衛教演講，彌補偏鄉醫療資源不足的困境。他用他的能力和愛心，為他的信仰和理想，為他的同胞和社會，獻出了他的一生。他分享自己在醫療專業的學習成果給偏鄉子民，也分享了自己的時間在奉獻與服務中，是值得我們效法的榜樣。

我們可以從黃勝雄醫師的身上，學習到分享的精神和方法，並將之善用到自己的生活和工作中。我們也可以發現，當我們學習分享時，我們的生命，會變得更加豐富和美好，我們也有能力買到靈魂。

❸ 感恩回饋

學習是人生中不可或缺的一部分，它讓我們不斷增長知識、開拓視野、提升能力。學習的過程也是一種享受，我們可以從中獲得滿足和成就感。但學習不僅僅是為了自己，更是為了社會。當我們的能力成熟了，我們有義務和責任善用自身能力回饋社會，讓社會變得更美好，而不單單是應用技能獲得利益。我們要感謝社會給我們提供的機會和資源，讓我們能夠學習和成長。我們要感謝我們的老師、家人、朋友，和所有幫助過我們的人，他們的支持和協助是我們前進的推手。我們要感謝自己，努力和堅持是我們成功的根本。學習與回饋是一個循環的過程，我們透過學習提升自己，有了能力之後，要回饋貢獻社會，並學會感恩，懂得感恩可以讓自己知足，使內心更加富裕。

他不僅在醫療方面做出了卓越的貢獻，還在慈善和宣道方面付出很多心力。所以當我們的能力成熟了，也應該要懂得感恩並回饋社會，幫助那些需要幫助的人，才能讓社會更加美好。

❹ 起心動念

起心動念是一種內在的力量，我們心裡有了念頭，才會有動力去執行。如果不具備堅定的信念與善良的內心，自然無法從付出的過程中獲得。在進到人生階段之後，當看到有問題需要被解決便會起善心動良念，將自己

投入在解決問題幫助他人的美好過程，貢獻自己培養的能力，善用專長去成全美好的社會環境。

黃勝雄醫師也是經歷過起心動念，才決定放棄在美國收穫的豐碩成果，回到台灣為偏鄉服務，也投入了後半生奉獻給醫療服務、教育及公益。1986 年他到花蓮門諾醫院當一個月義工，和前院長 Dr. Brown（薄柔纜）相處，對他為交通不便、醫療不發達的後山台灣人奉獻了將近 40 年時光感動不已，也因此起了善念，產生回國付出的想法。「1993 年 11 月 1 日，我放下在美的一切，毅然回國來到花蓮，與故鄉台灣再續前緣。」黃勝雄醫師如此說道。

❺ 慈言善行

慈悲可以促進人與人之間的信任與理解，拉近心的距離。慈悲心即是真誠的付出。慈就是「給予快樂」，悲就是「拔除痛苦」。每當給予別人快樂，那麼生長在內心的痛苦根源就會被拔除。

在當今社會，慈言善行的重要性不言而喻。真正的道德一定是身心統一，明辨是非，身體力行。善良的行為源於人類內心的那股正義與慈悲，這種正義與慈悲使你能為他人的快樂而感到快樂，使你能為他人的困難盡力而為。這種發自內心的善意，才善得可敬，才善得可佩。高尚的道德源自於一個人內心懷有善意，並願意將這份善意轉化為實際的善行。其卓越之處在於人類天生擁有的那顆善心，以及願意聽從這顆善心的驅使，以正

義和勇氣為伴，在他人深陷困境時伸出援手。當他人陷入黑暗時，給予他們一束光明。

黃勝雄醫師認為，現今科技進步，卻使醫病關係變得淡薄，很多年輕醫師不太用心觀察病人。國內現行醫療制度更助長醫師只求效率而忽略品質，也少了人文關懷的一面。過度仰賴醫學儀器精確度的結果，醫師看診往往以送去檢查替代問診，早年關心病史以及用臨床觸摸診斷來找出病因的醫療關懷已漸式微。醫師若缺少了愛與關懷的情感，失去尊重生命的體認，那就只是講求臨床問診，是醫療診斷的基本功。黃勝雄期許第一線醫護人員，用同理心、愛心來陪伴病患，讓病患得到心靈的撫慰。

✚ 感恩定理

「有凝重的感恩，才能以勤為徑、以苦作舟。」這句話的意思是，只有深切地感謝生命中的恩人和恩惠，才能用勤奮的態度和堅忍的精神，克服困難和挑戰，達成自己的目標和理想。這是一種崇尚勞動和感恩回饋的價值觀，認為人生的成功和幸福，不是靠運氣或天賦，而是靠自己的努力和感恩。

以勤為徑，就是要用勤奮的態度，堅持不懈地追求自己的目標和理想。要勤勞地創造出自己的價值和貢獻。以勤為徑，就是要用勤學的心智，不斷地學習和進步，增加自己的知識和能力；以苦作舟，就是要用堅忍的精神，勇敢地面對生命中的困難和挑戰。以苦作舟，就是要用樂觀的態度，

把苦難視為成長的機會，把挫折視為成功的動力。要用捨己利他的品格，無私地付出和奉獻，為自己和他人帶來幸福和快樂。

　　黃勝雄醫師將自己學有所成的功勞歸於培育出自己的台灣，因為感謝自己的鄉土，所以選擇放棄美國較好的待遇，毅然回到台灣回饋給家鄉，也因此他獲得了醫療貢獻獎的殊榮肯定。相比個人利益，對於一個內心富裕且生命有份量的人，社會的和諧與安定是更有意義的指標，只要心懷感恩並懂得回饋，未來永遠都掌握在自己手中。尊重生命、敬畏生命，懷仁愛之心，顯大醫容風；有廣博的感恩，才會篤行醫道、心懷大愛。

小啟示

1. 善用自己的技能造福社會回饋世界，讓我們生活的環境更美更善良。
2. 能夠融會貫通之時，知識才可以被置於更大更廣闊的環境。
3. 單一的知識領域雖然有其深度，但當我們學會將已知的概念或技能應用到其他不同的情境中，學習就變得更有廣度。
4. 不僅要表達自己的觀點，也需要理解和接受對方的看法。將內心打通願意傾聽，才能有效地從溝通學習。
5. 聰明的人很多，有智慧的人卻很少。
6. 在能力成熟之後，學習分享是一件有益的事情，因為這樣可以讓人們的生命更有意義和價值。
7. 懂得感恩可以讓自己知足，使內心更加富裕。
8. 慈就是「給予快樂」，悲就是「拔除痛苦」。每當給予別人快樂，那麼生長在內心的痛苦根源就會被拔除。
9. 以勤為徑、以苦作舟。

充實的生活，樸實的生命，人生可以不一樣

「樸實生活不是匱乏，而是豐盛；
回歸簡單的自己必然獲得智慧。」——魯米

　　魯米是 13 世紀波斯的著名詩人、神祕主義者和哲學家。他被稱為魯米，是因為他在土耳其的安那托利亞地區，度過了大部分的生活。他的詩歌被視為對愛和神祕主義的深刻探索，強調個人靈性的發展和與神的親近。他所說的樸實生活不是匱乏，而是豐盛表示著：看過物質的富足，並了解快樂的本質並不來源於物質，沉浸在打從心靈的喜悅，跟隨靈魂所熱衷的事情，這變成為了最豐盛的生活方式。回歸簡單的自己必然獲得智慧，生命途中反覆的過程，虛華與簡單之間的動盪令人心力憔悴，只需要學會用最簡單的方式去感受生活，就無需外在的虛華去填補內心的空洞。

　　每天努力充實生活，累積閱歷與能力；培養基礎的技能紮實生存，鞏固自己的底氣；踏實地在周遭環境裡學習與適應，讓自己融入世界；在自己的生涯中落實理念追求夢想，為自己生涯的畫布塗上不同的色彩；回歸樸實的生命，簡單而知足，快樂地去實踐生命的價值。如同魯米所言：「樸實生活不是匱乏，而是豐盛；回歸簡單的自己必然獲得智慧。」當我們真

正找到熱愛的事情，知道要為自己的生命代入什麼樣的價值時，就不會迷惘於物質豐盛，轉而尋求屬於自己的生存意義，這樣的快樂才是真正發自內心的喜悅。

　　如何樂在學習、樂在工作、樂在生活及樂在生命？如何衡量自己的一生？我們可以學習魯米的風範及內涵，可以傳承他宏觀的理念及想法，所以我將魯米傳承給我們的觀念、精神及人生的目標，整合為本節中生命創造力第二階段：**充實的生活，樸實的生命，人生可以不一樣**。為了達到這個遠程的階段，我整理出系統性及思維性的框架和架構，希望讀者能脫離漫無目的探索，和沒有人生目標的生活，期許這個框架或架構能帶給讀者整體的觀念及整合性的思維。在這個生命創造力第二階段的框架如下：

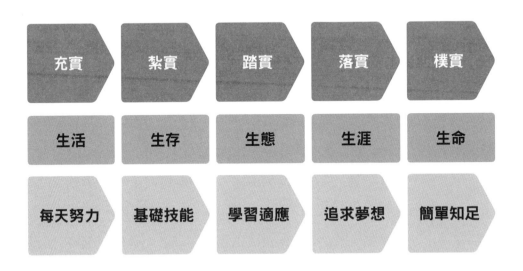

❶ 充實階段

　　魯米曾說：「昨天的我很聰明，所以我想改變世界。今天的我充滿智慧，所以我正在改變自己。」深刻地反映了人生的轉變和充實，展現了一種隨著時間和智慧積累而產生的深刻體悟。隨著知識的不斷積累，我們更傾向於自我反省，深入思考自己的價值觀和生活目標。這樣的自省能夠引導我們朝更具意義和充實的方向前進。因此，擁有足夠的智慧後，才能更好地融入這個世界，為世界做出貢獻，僅僅擁有過人的才智並不代表什麼，如何將這種能力妥善地運用才是我們所要學習的。

　　改變世界需要強大的內在品格和個人發展，透過改變自己，我們建立了更穩固、更深厚的品格，這成為影響和改變他人的有效基石，進而塑造整個世界的面貌。比起直接改變世界，先學會如何與自己相處、改變及反省自己，才是對整個世界更具生產力和影響力的做法。所以要透過充實生活，每天努力不懈地學習，逐漸堆疊好自己的能力才有機會去做出改變。

　　把焦點從外部的世界慢慢轉回自己的需求上，透過充實地生活，例如參與活動、學習某項專業……等，對世界有更深刻的理解，接著漸漸會感知到自己的成長需求，再以充實的每天努力不懈學習，滿足成長所需，累積經歷與閱歷，成為一個更好的自己，才是對世界最有益的。

❷ 紮實階段

　　魯米曾說過：「這是你的路，也是你一個人的路，別人可以和你一起走，但沒有人能替你走。」每個人都有無法逃避的問題，這是生存必須學會的「面對」。因此在勇敢面對問題之前，必須先紮穩自己的地基，具備生存的基礎技能後，才有辦法解決這些一定要面對的問題。

　　在現代社會的快節奏和多變中，我們時常追逐技術的發展和時尚的潮流，而忽略了扎實生存的根本。這裡不僅僅談論瞬息萬變的風潮，更著重於建立穩固基石的基礎技能。自我管理更可謂是基礎技能中的基礎，若沒有良好的時間管理、明確的目標設定，以及堅實的自我紀律，將更沒有心力去追尋更多生活中的精彩。基礎技能並不是只有外在表現的，在紮實生存的需求下，如何同時顧及身心健康的維護，如運動習慣、良好的飲食作息及情緒管控，都成為了必然的課題。

　　紮穩成長的地基，擁有能夠滿足最低需求的生存，才不會在後續的成長與追求當中迷失自我，若連眼下的問題都沒有辦法淡定面對，又何來的心力去追求更多的豐沛？因此將自己的技能視為財富，用心珍惜並善加利用，紮實地生存著。

❸ 踏實階段

　　引用魯米的著名佳句：「如果你被每一次摩擦激怒，你的鏡子怎能被

拋光？」在這個生態系、大環境裡，免不了不順己意的事，但只要踏實地活著，努力學習適應，總有一天可以成為閃亮的鏡子。此外魯米也曾說過：「不要悲傷。你失去的任何東西都會以另一種形式回來。」當我們能夠坦然面對失去，那麼失去的機會或事物也會悄悄地以不同的形式回到我們身邊，無須看重得失。

學習適應要踏實，因為投機取巧的方式治標不治本，並不能帶來長久的效益，當我們逐步學習成長、適應環境，才能真正久遠地在這變化多端的生態裡適應生存。我們並不能期待世界圍繞著自己轉，而是要學習去適應整個環境。這個環境並不只是我們的居住地，更是我們生活的一切，所以要足夠了解自己能為這個生態做出什麼樣的貢獻，每個個體都擁有不同的天職。在能做出貢獻前，應該先踏實鞏固好自己的能力，適應環境，才能以最恰當的方式去愛我們所在的這個生態。

❹ 落實階段

魯米曾說過：「讓自己默默地被你真正熱愛的東西所吸引，它不會讓你誤入歧途。」去跟隨內心深處的想法，走向自己真正熱愛的事情。透過前面三個階段打好的基礎，不再為生存而擔憂，不因生活而忙碌，恰當地融入世界，我們所操心的事情不再是這些最基本的要求，而是要找到這一生之中，究竟要落實什麼樣的夢想？自己生命的價值到底為何？

人生旅途如同一場冒險，其中追求夢想是一副引領者的羽翼，讓我們

能夠翱翔在生命的蔚藍天空中。理念和夢想是塑造我們生活模樣的原動力，不僅為我們提供目標和方向，更賦予生命深度和意義。理念是我們價值觀的總和，是對人生目標、信仰和原則的堅定信念。這些理念如同星辰般指引我們的方向，讓我們在追夢的路上保持堅定不移，且不會感到無力與疲倦。有了理念，我們在人生中才能有明確的航向，不輕易迷失於生活的浮沙之中。而夢想是理念的具體表現，是對個人渴望和抱負的實現。追求夢想讓我們擁有一個可以投入心力的目標，使我們的生活充滿活力和動力。夢想不僅是心靈的寄託，更是推動我們前進的引擎。當我們為夢想而奮鬥時，生活變得充實而有意義。

追求夢想讓我們有機會發現自己的潛能和價值。每個人都是獨特的個體，而追求夢想是發現並發揮這種獨特性的途徑。透過挑戰和突破，我們可以發現自己所具備的力量和才華，進而為社會創造更大的價值。人生的意義在於不斷超越自己，發展更高層次的技能和智慧。追求夢想是一個動態過程，讓我們始終處於學習和進化的狀態。這種成長不僅豐富了個人內在世界，也豐富了周遭的社會生態。

❺ 樸實階段

如同開頭提及魯米所說：「樸實生活不是匱乏，而是豐盛；回歸簡單的自己必然獲得智慧。」在這個功名至上主義的社會，樸實生活似乎被冠以匱乏的標籤，人們追求瞬息萬變的時尚和高科技的生活方式。然而，當

我們細心品味樸實的生活，我們會發現它不是一種匱乏，而是一種豐盛。回歸簡單的自己，也意味著獲得更深的智慧。

樸實的生活強調的是生活的本質，而非物質的堆砌。過多的物質追求容易使人迷失於表面的繁華，卻忽略了內在的內涵。樸實的生活注重細品日常，體會生命的真實價值。在簡單的日子裡，人們學會懷抱內心的寧靜，體會生命的深層美好。簡單而知足，這種內在的滿足感使生活變得格外豐盛。樸實的生活強調的是人與人之間的連結，在數碼時代，人們可能被虛擬社交與表面的利益友好所淹沒，但這種連結往往缺乏真實性。樸實的生活讓人更加注重面對面的交流，重視親情、友情、愛情。透過真摯的人際關係，人們得以分享生活中的點滴，這種連結帶來的溫暖和支持使生活更加豐盛。

樸實的生活並非匱乏，而是豐盛。真實的人生體驗，重視人與人之間的連結，鼓勵人們回歸簡單的自己。這樣的生活方式不僅讓人們感受到生命的豐盛，也使他們獲得一種內在的智慧，這種智慧超越了物質的匱乏，成為一種真實而持久的富足。

✚ 洛克定律

洛克定律又稱籃球框定律，其含意是在解釋關於目標的設定，應該要難易度適中，不可以容易達成，也不可以太艱難導致放棄。當我們處在充實、紮實與踏實的學習階段，目標的設立也是重要的環節，有挑戰性的學

習目標才可以讓人成長，僅僅只把目標設在「單純活下去」，那麼也就會因為過於安逸而停滯不前。

在落實階段，我們有了熱衷的事情，為了追求夢想而有完成目標的強烈動機。有學者提出心流（Flow）理論，是指人在專注執行某項事情的過程中，達到完全沉浸於活動本身的振奮狀態，但也有部分科學家認為這是一種恍惚狀態。在心流狀態下，會感到亢奮與極度專注投入，讓事情的執行變得比平時更有效率。而要進入心流狀態的條件也跟洛克定律相近，需要執行難易度適中，不可以過於容易也不能太刻苦困難的目標。設定目標對於追求夢想的過程有很大的助益，當能夠全心全意投入熱愛的事情，也會由衷感受到心靈的愉悅與滿足。

結合落實階段的內容及該階段引述魯米的名言：「讓自己默默地被你真正熱愛的東西所吸引，它不會讓你誤入歧途。」為自己熱愛的事物設定一個適中的目標，能夠激起鬥志與全心投入其中，也如洛克定律帶給我們的恰當目標，不會因過度艱難或容易而半途而廢。

／ 小啟示 ／

1. 樸實生活不是匱乏，而是豐盛；回歸簡單的自己必然獲得智慧。

2. 藉由對世界深刻的理解，漸漸會感知到自己的成長需求，再以充實的每天努力不懈學習，滿足成長所需，累積經歷與閱歷，成為一個更好的自己，才是對世界最有益的。

3. 在勇敢面對問題之前，必須先紮穩自己的地基。

4. 學習適應要踏實，因為投機取巧的方式治標不治本，並不能帶來長久的效益，當我們逐步學習成長、適應環境，才能真正久遠地在這變化多端的生態裡適應生存。

5. 理念和夢想是塑造我們生活模樣的原動力，不僅為我們提供目標和方向，更賦予生命深度和意義。

6. 過多的物質追求容易使人迷失於表面的繁華，卻忽略了內在的內涵。

7. 目標的設定要難易適中。

學會挑戰不斷努力，改變心態找到生命

「我們可以在母親的土地上，
自己決定想要怎樣的國家，並積極改造，這是尊嚴。」
——林淑雅

人自出生起就獲得的禮物是學習能力，我們透過學習與改變，成為與地球上其他物種截然不同的族群。也因此，我們在生命當中能把握的事情就是不斷學習與進步，改變自己面對人事物的心態，學會挑戰未知，透過一次次修正調整，改變現況。世界的運轉也是如此，每一次的時代變革都來自技術與想法的突破，總是有那麼一群人致力於推動世界的進化，改變現狀。

林淑雅教授在靜宜大學籌劃設立了「原住民族文化碩士班」，並期許學生能以課程中學會的賽德克傳統知識創作畢業作品，再以賽德克語及中文兩種語言寫畢業論文。若以台灣目前的學術環境討論，這樣的學術成果並非主流可見的形式，但也因此能讓原住民族的年輕學子，有更多不同的機會熟悉來自原生文化的豐富知識與傳承。設立這樣一個特殊的學位體系絕非易事，也因此極少數人有這樣的能力完成，願意犧牲利益奉獻在無形

圓滿上的人才更是少之又少，但林淑雅老師願意接受挑戰，改變現狀，因而引起更多人重視這樣的領域並投入其中。

　　如何樂在學習、樂在工作、樂在生活及樂在生命？如何衡量自己的一生？我們可以學習林淑雅的風範及內涵，可以傳承她宏觀的理念及想法，所以我將林淑雅傳承給我們的觀念、精神及人生的目標，整合為本節中生命創造力的第三個階段：**學會挑戰不斷努力，改變心態找到生命**。為了達到這個遠程的階段，我整理出系統性及思維性的框架和架構，希望讀者能脫離漫無目的探索，和沒有人生目標的生活，期許這個框架或架構能帶給讀者整體的觀念及整合性的思維。在這個生命創造力第三階段的框架如下：

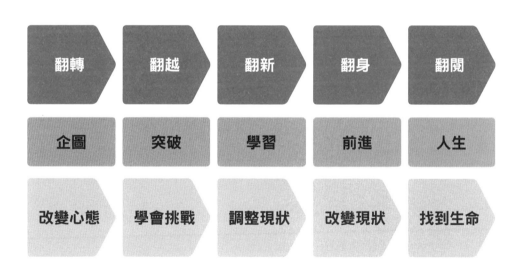

翻轉　　翻越　　翻新　　翻身　　翻閱

企圖　　突破　　學習　　前進　　人生

改變心態　　學會挑戰　　調整現狀　　改變現狀　　找到生命

❶ 翻轉階段

　　生命本是一場沒有明確終點的旅途，所以需要自我探索、尋找目標，建立自己生命的意義並勇敢追逐，這叫做企圖心。有部分人會把企圖心誤認為野心，覺得野心被別人知道不是好事，但現實是當你真心想要完成一件事的時候，全世界都會幫忙你，因為我們必須企圖改善社會，企圖改善現況，當你為社會福祉付出奉獻，大家也會支持你前行，也就是所謂的「我為人人，人人為我」。

　　要如何能實現翻轉？一切的根源建立在內心的出發點，首先心態要正確，我們取之於社會，理應用之於社會。若是一味妄想著能源源不絕地從社會索取而不做回饋，僅僅是滿足一己之私的企圖心無法獲得他人支持與敬仰。在我們成長過程、學習過程、工作階段，都會不斷有人事物隱約在暗示我們必須利己，才有機會往上爬，但這樣並不是完全正確的。在能滿足自身基本需求的前提下，能夠回饋於他人是一件極為幸福的事情，無論是為某個弱勢群體爭取公平正義，抑或是捐贈負擔得起的款項，給予為他人付出的公益團體……等，這些都是回饋的方式，當然不侷限於這樣的形式。

　　林淑雅是一位值得我們參考學習的模範，不僅善用自己大學教授的職位與能力，去設法延續原住民的文化傳承，在一生當中致力於推動各項人權、環境議題並為此做出貢獻。當然對於許多人來說，要做到與林淑雅相同的奉獻精神是相當困難的，但楷模的意義並不僅僅是朝同樣的方向模仿

照做，而是要透過自我內化，學習其精神，找到屬於自己的回饋方式並貫徹始終、以終為始。延續大愛的精神，學習如何將自己的能力用於回報社會、創造大眾福祉，這是我們要改變的心態，先將心態導向正確之途，再予以明確的企圖，這樣一來身邊的人、社會大眾都能夠接受並支持你的行動。

❷ 翻越階段

日復一日的生活模式，漸漸悄無聲息地在我們的生命周圍築起圍牆，圍牆內應有盡有，足以滿足生活需求，人們常常稱之為舒適圈。在這堵圍牆裡沒有困難，可以輕易度過時光，卻無法做出任何變化，所以在本節我將翻越階段優先排在其他階段之前。當我們了解如何改變自己導向正確的心態之後，也必須學會翻越舒適圈，學會挑戰之後才能在未來的每一個階段，有勇氣去面對改變帶來的困難與挫折。

翻越不代表面前的高牆我們一定得爬到最高點才能越過，生活中的挑戰就猶如多米諾骨牌，雖然會越來越高，越來越難克服，但第一個挑戰只要有最初始擊倒它的微小能量，這初始能量終究會如滾雪球般擴大並一步一步推倒後續的高牆。所以直面挑戰的勇氣是必要條件，若沒有推動第一個骨牌，那後來矗立的高牆只會令人愈加恐懼退縮。

林淑雅畢生致力於推動原住民權益和弱勢族群人權的工作。透過倡導、意識提高、社會運動和教育，可以打破既定的障礙，改善社會不平等，

並賦予原住民和弱勢族群更多權利和機會。林淑雅的奉獻映證了只要我們鼓起勇氣開始，就能啟動正向的變革，不斷前進，為更公平和包容的社會而努力。

❸ 翻新階段

隨著時代變遷與進化，觀念與知識也是不斷地更新著。學習是一生的，當我們面臨不同時期的困境，時常會發現過去的方式或是知識已經不合時宜或是被淘汰了，這便是需要翻新的時候。

我們一生不斷地學習，為了跟上時代的演進，為了配合我們企圖心所需要的能力與知識。因此調整現狀並不是一個階段，而是持續不斷的進行式，從我們的學生時期、工作時期，一直到退休後都不能停止調整現況，才能讓自己不溺亡於時代推進的洪流。曾有人問過林淑雅，既然專長是法律，怎麼不透過立法、寫法案的方式去推動她的目標？得到的答覆是她曾參與過第一版的原住民族自治法，但她發現自己只是把現有地方自治法的法條參考寫進去，她覺得很不妥當，因為她認為原住民如何管理自己應該由自己決定，原住民也不應該隸屬地方政府。後來才慢慢調整，以教育、推動社會運動及參與公益團體的工作去完成她想要達到的目標。

在學生時期，會因為時代演進有不同的新技能要學；在工作階段，會因為升遷或轉行有尚未接觸的領域要學習；在退休階段，會因為生活形式因時代進步有不同的娛樂、觀念要學習。翻新學習為了調整現狀，無須與

時代進步作對，在不同時期會有不同挑戰需要面對，發現自己還欠缺什麼能力就去學習，堆積起自身的強大，才有辦法因應各種難題並做出調整。這是持續不間斷的循環，是我們學會挑戰之後最長久且有用的觀念。

④ 翻身階段

在經歷了前面階段漫長的突破與挫折、翻新與調整，能力累積起來，終於能讓自己最初的企圖心有所前進，可能是得到了成果，也可能是受到更多人接納與支持，這些都會是我們繼續努力的動力。自身感受到反饋，才是令人感到滿足的運作機制。這與種樹的概念相當接近，要種出一棵茂密的樹，需要持之以恆的照護，而成果最終會如樹葉那般鬱鬱蔥蔥。所以將此階段稱為翻身，經過長久以來沉悶且困難的挫折與學習後，最終進入有人支持或開始收穫成果的時期。

在這一個階段，我們除了自身的成果以外，也獲得了更大的影響力，因為我們已經有了足以改變現況的能力，也是其他人學習的對象、有了更多支持者。但不能以此為終點而開始怠惰，我們的企圖心仍然存在，依舊需要直面挑戰、不斷調整，只是多了一份話語權，越來越多人能受到你的行為或言語感動，甚至因此親身參與你所推動的行動。這時候局勢改變了，不再是孤軍奮戰，更應該著眼於努力改變我們看見的問題。

正如林淑雅曾參與過各種不同領域的團體、協會，她在有了地位後依舊不違背自己當初的企圖心、出發點，反而善加利用台灣人權促進會秘書

長、國際特赦組織台灣分會、西藏台灣人權連線理事長及總統府原住民族歷史正義與轉型正義委員會委員……等職位，持續不斷地為社會正義發聲。

❺ 翻閱階段

翻轉、翻越、翻新及翻身四個階段，只有相對的順序，沒有停止的終點，生活當中應不斷的延續這四個重要觀念。體驗了翻身之後，我們可以重新翻閱這四個階段的種種過去，發現生命的價值與意義是可以自己創造及尋找的。

翻轉階段的改變心態，讓我們擁有懂得回饋社會的心；翻越階段的學會挑戰，讓我們擁有直面困難的勇敢；翻新階段的不斷調整，讓我們有適應變化的能力；翻身階段的改變現狀，讓我們有影響力與延續的動機。四個階段經歷過來，讓我們成為一個能奉獻於社會的人，不只是在世時能做到回饋社會，生命的循環不是僅以壽命能詮釋的，這樣奉獻心力於創造社會福祉的精神可以永留於世，吸引更多人效仿學習，如同林淑雅留給我們的精神。

✚ 路徑依賴法則

　　路徑依賴法則指的是在人類社會中，一旦某種技術或制度被採用，很可能會成為不容易改變的慣性，就像物理學中的慣性一樣。這是因為社會和物理世界都存在著某種選擇的報酬遞增和自我強化機制。

　　若套用到個人決策的角度上討論，就是當你做了某種選擇後，慣性力量會使你自我強化選擇的正確性，進而讓人較難做出改變。因為一旦做出改變，就好像承認自己先前做了錯誤的選擇，又或者是做出改變的誘因不夠、風險太高，不如按照既有路徑行事就好（舒適圈），無形中人們過去做出的選擇，經常會決定了現在及未來可能的選擇。但如同本節內容所述，我們在追求目標的過程中，必須要翻越、翻新，最後才能翻身。翻越嘗試改變帶來的挑戰與困境，且不斷地翻新自己，學習新知，如此一來才不會在時代變遷的軌道上迷失。抱殘守缺只會讓自己停留在既定的道路上，雖然穩定但卻缺少變化而乏味。

　　林淑雅是一個勇敢打破路徑依賴法則很好的案例，她的專長是法律，卻出於個人意志，投身維護原住民人權與文化保存的行列。她利用原有的法律專長時，發現成效並不理想（立法、寫法案）後，開始嘗試不同的方式去完成自己的企圖心，翻越重重困難阻礙，翻新學習新知，翻身成為在爭取原住民權益的代表人物，利用影響力持續嘗試改變社會、創造弱勢族群的福祉。

小啟示

1. 生命本是一場沒有明確終點的旅途，所以需要自我探索、尋找目標，建立自己生命的意義並勇敢追逐。

2. 第一個挑戰只要有最初始擊倒它的微小能量，這初始能量終究會如滾雪球般擴大，並一步一步推倒後續的高牆。

3. 在不同時期會有不同的挑戰需要面對，發現自己還欠缺什麼能力就去學習，堆積起自身的強大，才有辦法因應各種難題並做出調整，這是持續不間斷的循環。

4. 生命的循環不是僅以壽命能詮釋的，願意奉獻心力於創造社會福祉的精神可以永留於世，吸引更多人效仿學習。

5. 路徑依賴法則告訴我們，最初的選擇影響深遠，但並不是無法打破改變的，發現錯誤或不足就要趕快跳脫，否則會越走越錯。

人生的管理心法

「至少在今天，我要試著做好事，
不告訴任何人。」──方濟各

　　方濟各是一位十三世紀的義大利天主教教士和修士，以其對貧窮的奉獻、對和平的追求和對自然的尊重而聞名。他創立了方濟各會，該會的成員被稱為方濟會士，影響了許多後來的修道者和基督徒。他的生平充滿了各種挑戰和試煉，但他始終保持著內心的平靜和堅定的信念。他不僅在貧窮中找到了真正的價值，還透過自己的慈善行為和奉獻精神，感召了無數人投身於服務他人和追求和平的事業中。方濟各以其謙虛、慷慨和對生命的熱愛而聞名。他常常與貧困者和病人一起生活，並把自己的一切奉獻給需要幫助的人。在他的一生中，方濟各始終堅信著自己的理想和信念，並且堅持不懈地追求和平與愛。他的一生是對本節架構：定心、定性、定念、定位和定局的最佳詮釋，他的精神和教導將永遠激勵後人，引導他們走向更有意義和價值的生活。

　　定心表示在各種困難和挑戰面前，保持內心的平靜與堅定；定性是要培養高尚的品德，而不易受到他人或環境影響；在面對不同情境，都能坦

然且穩定的應對。定念要保持清晰與堅定不移的信念，如同方濟各常常在困難和試煉之中保持自己對信仰及理想的堅持；定位則是要在生活中找到屬於自己的位置並創造自我價值，如同方濟格的慈善與奉獻精神；最後的定局是最困難的境界，除了要擁有全面的視角與格局，還要不受到短暫的挫敗或名利迷惑。

在本節中，我們將探討如何在生活中培養定心、定性、定念、定位和定局等五個重要概念，並以方濟各的生平事蹟和理念作為參考。方濟各以其堅定的信念和高尚的品德，啟發了許多人追求更有意義和價值的生活。透過瞭解方濟各的生平故事和名言，我們將探討如何在逆境中保持內心的平靜和堅定、如何培養高尚的品德、如何堅持信念、如何在生活中找到自己的位置並創造價值，以及如何擁有全面的格局和視野。期望生命創造力第四階段能夠幫助讀者理解並應用這些重要概念，進而追求更有意義和充實的人生。本節架構如下：

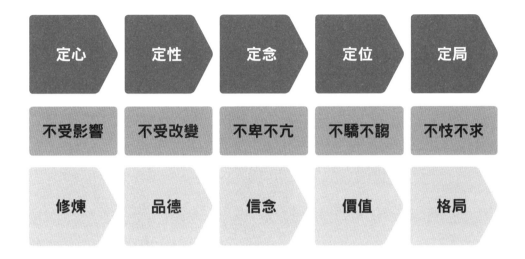

定心	定性	定念	定位	定局
不受影響	不受改變	不卑不亢	不驕不諂	不忮不求
修煉	品德	信念	價值	格局

❶ 定心階段

在生活中，我們時常面對各種挑戰和困難，而保持定心不受影響卻是一種極為重要的修煉。這種修煉不僅能夠讓我們在逆境中保持內心的平靜和堅定，更能夠塑造我們的性格和人生觀。

方濟各曾經說過：「啊！主啊，賜給我平靜的心，去接受我不能改變的事物；賜給我勇氣去改變我能改變的事物；賜給我智慧去分辨這兩者。」深刻地表達了保持定心的重要性。在面對無法改變的環境和情況時，我們需要學會接受，保持內心的平靜；對於我們能夠改變的事物，則需要勇氣和智慧去積極應對。這樣的心態不僅讓我們更加堅強，也使我們更加謙遜和成熟。方濟各的生平事蹟也是保持定心不受影響的最好詮釋之一。他在

追求信仰和服務他人的道路上，面對了種種困難和試煉，但始終保持著內心的平靜和堅定。即使在極端的貧困和痛苦中，他也始終堅信自己的理想，不受外界影響。

　　保持定心不受影響也是自身內在修養的一種展現。當我們能夠保持內心的平靜和堅定時，我們才能夠更好地控制自己的情緒和行為，進而更好地應對各種挑戰和困難。這種修煉不僅使我們更加堅強，也讓內在更加豐盛，進而更加樂觀自信地面對生活中的種種考驗。

❷ 定性階段

　　在人生旅途中，培養和保持高尚的品德是極為重要的。這種定性不受改變的堅定品格，不僅是一種修養，更是一種生活指南和人生價值。方濟各的事蹟和名言向我們展示了培養品德的重要性，他的生平故事和智慧教導啟發著我們如何在現代社會中培養和堅持高尚的品德。

　　方濟各曾經說過：「我們可以是罪人，但不可是腐敗者。」這句話彰顯了他對個人品德的重視，提醒我們即使犯了錯誤或犯了罪，也不能放棄對良善和真理的追求，更不能墮落成腐敗之徒。這種堅持正直和良善的品德，是我們人生中不可或缺的重要一環。方濟各以其謙虛、慷慨和對生命的熱愛而聞名，與貧困者和病人一起生活，把自己的一切奉獻給那些需要幫助的人。他的生活充滿了對他人的愛和慈悲，這種堅定的品德讓他成為無數人的榜樣和啟發。

　　定性能不受改變的重要性在於其塑造了我們的人格和價值觀，並指導著我們的行為和決定。在逆境和困難面前，堅持高尚的品德可以讓我們保持內心的平靜和堅定，不輕易動搖。在成功和幸福之時，它也能夠讓我們保持謙遜和感恩的心態，不忘初衷，繼續前行。定性建立品德的同時，也展現在建設和融洽社會關係，以及維護和平穩定的社會秩序上。方濟各的生平事蹟和智慧教導提醒我們，培養和保持高尚的品德不僅是個人的責任，更是對社會的貢獻，將引導我們走向更加和諧、充實和幸福的人生之路。

❸ 定念階段

　　堅守信念是我們前行的重要支柱，同時也要不卑不亢地面對一切萬物，將自己的信念堅定執行，保持不卑不亢的態度。

　　方濟各曾經說過：「在困境前、在十字架前堅忍剛毅：忍耐是基督徒的一大美德。」這句話彰顯了他對信念和堅持的重視，提醒我們在面對生活的種種挑戰時，要有耐心和信心，相信時間將會向世人證明真理。這種堅持信念的態度，是我們在人生中走得更遠更堅強的關鍵。方濟各對貧窮的奉獻、對和平的追求和對自然的尊重都受人景仰，他始終堅守著對信仰和理想的堅定信念。即使面對種種試煉和逆境，他也從不動搖，用自己的行動證明了對信念的忠誠和堅持。

　　在定念裡，不卑不亢正是堅守信念的必要態度。不卑不亢，在面對成功

時不驕傲自滿，在面對挫折時不氣餒失落。這種恬淡虛心的態度，讓我們保持著內心的平靜和堅定，不為外在的變化所左右，堅持著自己的信念和目標。

❹ 定位階段

在生活的舞台上，我們需要清楚地定位自己，明確知道自己的位置，以及該往何處前進。方濟各曾說過：「重要的是詢問自己，那個思想將我們帶到何處。」這句名言告訴我們，我們的思想和信念將決定我們的行動方向和終點，因此需要時刻檢視、反思。

要定位自己，我們需要擁有清晰的目標和方向，不被外界的干擾和誘惑所左右。這需要我們具備自知之明，了解自己的能力和限制，並且根據自己的長處和目標來確定前進的道路。創造價值，是我們在定位自己後的必然選擇。透過發揮自己的才能和潛能，努力實現自己的目標和理想，我們才能為自己和他人帶來真正的價值。這需要我們不斷學習和成長，勇於面對挑戰，並以創新的方式解決問題。不驕不譎，是在追求目標的過程中需要堅守的態度。不要因為成功而驕傲自滿，也不要因為挫折而氣餒失望。要保持謙虛與耐心，堅持自己的信念，不被外界的讚美或批評左右。只有在保持冷靜、沉著和自信的情況下，我們才能充分發揮自己的潛力，實現自己的目標。

在生活中定位自己、創造價值、不驕不譎是非常重要的。只有堅持著這樣的理念，我們才能在人生舞台上發揮出最好的自己，實現自己的夢想

和目標。

❺ 定局階段

方濟各曾言：「至少在今天，我要試著做好事，不告訴任何人。」這句話彰顯了一種不求回報、不矜持炫耀的品格，同時也展現了對良善行為的自發追求。在今天，無論是在生活中的小事還是在人際關係中的互動，都有機會讓我們實踐這樣的格局。不論外界環境如何變化，這樣的格局都能引導我們做出正確的選擇，堅持做好事，即使不為外界所知。

這種格局的寬廣，不僅展現在個人行為上，更展現在對社會的貢獻和對他人的幫助上。不求回報、不以外在認可為目標的做事方式，這樣子不忮不求的美德，將會影響到周圍的人，甚至可能激勵他們也去實踐相同的價值觀。

✚ 人生守恆定律

物理學有能量守恆定理，指能量不會消失，只會轉化成另一種形式表現。人生也有守恆定律，每個人都有屬於自己的均值。有些人大起大落，有些人腳踏實地穩定發展，有些人先抑後揚，有些人則先揚後抑。總歸下來無論怎麼發展，最終都會平衡到屬於自己的均值，那是自己本身的價值、最真實的表現。

　　方濟各曾說：「我們一旦計較個人得失，恐怕會捨本逐末。」這是方濟各帶給我們的智慧，人生如何守恆？有得失守恆也有捨得守恆，這兩種是不一樣的守恆。在獲得的時候也失去另外一樣東西，這樣的失去是被動的，這是得失守恆；捨得守恆是當願意捨棄某樣東西，去獲得自己真正想要的事物時，那麼捨棄與得到也會守恆，這樣是做出選擇。很多時候我們對事態的全貌不完全瞭解時，被迫選擇了得失守恆，因為看見想要得到的東西，而失去了無法選擇的另一件事。但是當我們經過深思熟慮後，清楚事情的一體兩面，就可以透過捨得守恆去評估並選擇，願意捨棄才能獲得。

　　透過人生守恆我們也可以知道，即便現在處於低潮也不要緊，只要努力精進充實，讓自己的均值提高，最終仍能回歸到真正自己屬於的那個均值。所以不需要去追逐得失，只要努力向上，總有一天會「回歸均值」。

╲ 💡 小啟示 ╱

1. 在面對無法改變的環境和情況時，我們需要學會接受，保持內心的平靜。
2. 即使犯了錯誤或犯了罪，也不能放棄對良善和真理的追求，更不能墮落成腐敗之徒。
3. 保持謙遜和感恩的心態，不忘初衷，繼續前行。
4. 堅守信念是我們前行的重要支柱。
5. 定位自己，創造價值，不驕不謅。
6. 不求回報、不以外在認可為目標的做事方式，這樣子不忮不求的美德，將會影響到周圍的人。

CHAPTER **04**

經驗傳承力

EXPERIENCE
INHERITANCE

要做人師，而非導師

「最高的快樂是行善助人，贈幸福予人。為善最樂，
　只要你做，就必有所得！」──弘一法師

　　「一點善行慈愛不但是積德的種子，也是積福的根苗。利益一切眾生，
就是利益自己。」這是弘一法師曾說過的話。善良如同比太陽更璀璨的人
性之光，它具有驅散黑暗和絕望的力量。當我們為他人的安寧感到安寧，
為他人的幸福感到幸福時，我們自身也因此變得溫暖而快樂，並能深切地
感受到生命的絢麗。

　　不同階段有不同的問題需要面對與處理，這是成長學習必經的過程，
感到疑惑並不可恥，但「惑而不從師，其為惑也，終不解矣。」當遇見問
題出現，首先要解釋問題為何產生，找到問題的源頭才能預防同樣的問題
再次發生；解析深入組織分類，能透過組織分類問題，妥善地組織解決問
題的次序與方式；解決能力如何溝通，瞭解問題的脈絡與根源之後，便能
提出討論與人溝通，一個人很難解決的問題，有效地與他人（無論是團隊，
或請求幫助）溝通可以讓問題很迅速妥善地被解決。

　　經歷了解釋問題、解析問題與解決問題的循環，能力與思想會逐漸完

善成熟，便應該開始脫離自身。脫離自己是指把目光投放到需要協助或開導的人，因為經歷多而有能力了，在別人身上看見的問題對經歷過的人是容易且淺顯的，在他人需要求助的時候給予啟發，幫別人解惑人生，從這樣開導的過程，讓更多人得以不用受困於泥濘之中。

　　如何樂在學習、樂在工作、樂在生活及樂在生命？如何衡量自己的一生？我們可以學習弘一法師的風範及內涵，可以傳承他宏觀的理念及想法，所以我將弘一法師傳承給我們的觀念、精神及人生的目標，整合為本節中經驗傳承力的第一階段：**要做人師，而非導師**。為了達到這個遠程的階段，我整理出系統性及思維性的框架和架構，希望讀者能脫離漫無目的探索，和沒有人生目標的生活，期許這個框架或架構能帶給讀者整體的觀念及整合性的思維。在這個經驗傳承力第一階段的框架如下：

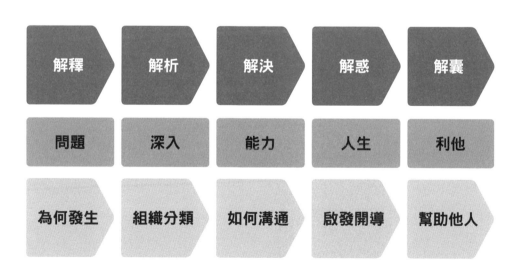

❶ 解釋階段

弘一法師曾言：「真正的控制，應該是從源頭上預防問題的發生，而不是從表面上解決問題。」如果沒有充分理解問題的發生，很容易會傾向於採取快速解決淺層問題的方案，卻忽視了要向自己或他人解釋問題發生的根源。僅僅停留在陳述問題的表象，卻沒有深入解決，將會造成相似的問題不斷重演出現。

如果今天大樓裡的樑柱出現裂痕，卻只是貼上膠帶重新粉刷，看似解決了表面的裂痕，但實際上樑柱結構的問題依然存在，日後甚至可能造成更嚴重的問題發生。這時候陳述樑柱出現裂痕了這句話，並不足以讓這個問題得到終止，而是應該理解樑柱為什麼出現了裂痕，可能是結構設計，也可能是材質特性。理解問題的根源，才能真正讓問題不再發生或加劇。養成解釋問題的習慣才是長久之計，人在面臨問題時，常會選擇快速的解決方案，而不是選擇有效率的。快速並不意味著有效率，要能妥當解決才是一種有效率的方式，快速卻讓相似問題一再發生，最終花費的時間反而更多。

弘一法師的觀點提醒我們，在面對問題時，不宜只停留在表面解決，而是要追求深入理解問題根源的智慧。僅僅解決問題表面並不能真正解決問題，反而可能延續潛在的風險。透過培養解釋問題、深入分析的習慣，我們能夠避免走捷徑而帶來的短暫成效，而是致力於制定更全面、可持續的解決方案，為未來打下更穩固的基石。在解決問題的道路上，真正的智

慧在於看清問題的全貌，從根本出發，才能獲得長遠而有意義的成果。

❷ 解析階段

當初弘一法師出家時，妻子不理解為什麼要拋妻棄子執意出家，面對這個問題，弘一法師將其歸類於離別，人終將面臨生死與分別，出家的選擇只是把這個時間提前，而面對妻子質疑弘一法師的自私自利時，弘一法師卻認為放下一切是為了更永遠、更艱難的佛道歷程。事實時常如此，一體兩面的原則是無處不在的，弘一法師的決定看似無情，卻是對世間的大愛，捨己助人，寧願自己放下至親之人，也要成全慈悲之愛的大器。

在面對選擇的時候，不同的決定往往伴隨不同的問題浮出水面，但是透過解釋問題，去探究問題的根源，我們得以認識問題最深層的那面，或稱為問題的本質。藉由有條理的組織分類，探究問題的本質，真相與解答往往會變得更清晰。如同弘一法師取捨的智慧，出家的決定看似是對至親之人的自私且無情，並沒有盡到身為丈夫與父親的責任，他的妻子也責問弘一法師：「你慈悲世人，為何獨傷我？」不過分離本就是人間情感的本質，弘一法師的決定卻是更高遠的眼界與心胸。正如其所言：「愛就是慈悲。」耽溺於個人私情而不去追求更廣泛的大眾福祉，也許才是最大的自私吧？

問題的答案會因為我們如何組織分類而有不同的解答，往往在經歷了許多問題之後，會發現一個共通點：問題是源源不絕的，換了不同角度看

待同一個問題，能得到的解答也會不同。所以解析深入組織分類是至關重要的，問題沒有正解，只有理解。我們如何理解問題並歸納分類，會影響我們用什麼樣的心態去看待。只要能理解問題的本質，並將其分類，想要的答案也就隨之而出。

❸ 解決階段

弘一法師說過：「真正的智者是在解決問題的過程中展現智慧。」如同上一段所述，換一個角度看待同一個問題，得到的解答也會不同。在團隊中面對問題就需要與人溝通，因為大家的角度不盡相同，也就會有各種不同的想法。如何化解想法的碰撞與衝突，如何在各持己見的狀況下保持平心地溝通，就是解決問題時需要展現的智慧。

至關重要的是保持平靜，能夠包容與接納別的想法，達成群體的共識，才能解決問題。衝突與碰撞並不意味著負面的意涵，恰恰相反的是團隊中集體思考通常能產生多面向的解決方案。每個人都有獨特的觀點和專業知識，這將有助於發現新的思維方式和方法。學會如何表達與傾聽會是這個過程中相當重要的能力。在表達中讓別人理解自己，並在傾聽時感受他人的想法，兩者結合起來才構成有效的溝通，固執己見僅只是強迫他人接受自己的思維，卻少了想法的交流，所以我們不單要有說服他人的能力，也要嘗試考慮他人的做法是否能與自己的方式結合並達成共識，取得最佳平衡點。

　　有效溝通是解決問題時不可或缺的一環。不僅要善於表達自己的想法，更要善於傾聽他人的意見。透過溝通，可以深入了解每個人的想法和擔憂，進而找到彼此可以接受的共同點。嘗試理解他人的觀點並結合不同的意見，有助於達成平衡點，使整個團隊更有向心力，共同解決問題。解決問題需要智慧，而智慧的表現在於巧妙地處理人際關係，有效地整合團隊的多元觀點，取得卓越且有共識的解法。

❹ 解惑階段

　　弘一法師留下了許多思想與話語給世人，這些都是歷練來的智慧，從解釋、解析、解決的循環中不斷汲取經驗，累積起自己對世間萬物獨到的見解，並將這些成果無私分享給他人，啟發與開導還沒有領悟的人，使受惠的人得以更快理解事情運作的原理。

　　替人解惑、啟發別人是一種富有意義的事情，我們得以分享自己過去累積、經歷過的知識和經驗，將複雜的問題轉化為更好理解的形式。這種分享過程中，所需要的能力是解釋問題的本質、解析分類問題、找到問題的屬性，以及解決問題的溝通能力。前三個階段都是我們成長的過程，當歷練過來之後，具備了充足的能力便可以啟發開導別人，讓困惑的人得以更快領悟，讓問題轉為明朗，解惑即是這樣的過程。見證別人的成長和改變也會為我們帶來成就與滿足。同時，解惑的過程也是在讓自己成長，我們又更進一步加深了自己解釋、解析、解決的能力，也能培養設身處地的

思考方式。

弘一法師留下的思想和話語充滿了智慧，是歷練和思索的結晶。透過對世間的觀察和體悟，他形成了對生命和人性的深刻見解。這些智慧不僅反映在他的修行中，也透過無私的分享啟發開導了許多人。

❺ 解囊階段

弘一法師曾言：「菩薩不是成了菩薩以後，才去渡人的，而是渡人多了才成菩薩。人不是有錢以後才造福，而是造福多了才更有錢。我們不是變好了才去修行，而是修行了才會慢慢變好，渡人實渡己。」這段話強調利他精神的重要，幫助他人是一種主動的行為，且不可將因果順序顛倒，是因為我們擁有幫助人的能力與信念，所以我們獲得，而不是獲得之後才想到要回饋。

我們雖是平凡人，但依舊擁有積極幫助他人的能力。在主動助人的過程中，同時也能夠實現自己的成長和目標，這也是一種修行。這樣的觀念能有效提升個人幸福感知度和社會和諧，讓自己更善良且有益於他人。慷慨與分享能夠帶來更多的利益和回報，並不單指具體的利益與回報，很多時候這些都是情緒價值帶來的回饋，我們看到被幫助的人而一同感到開心，因為受到幫助的人成長與獲得，自己的心靈同時也得到滿足。心靈富裕才是真正的富裕。

✚ 巴納姆效應

　　人們會對彷彿是為自己量身訂做的人格描述給予高度準確的評價，而這些描述往往十分模糊及普遍，以致能夠放諸四海皆準。換句話說，我們普遍都會選擇相信自己所相信的事物和話語。這並不是在貶低給予人們精神話語的行為，恰恰相反，如果選擇相信這些話語，這些偉人給予我們的觀念，我們也會順應著相信的力量，逐漸成長與成熟。

　　弘一法師留下了許多好的觀念與經驗分享，我們若是相信，那這些觀念便會是我們成長過程的養分，無論是在人生的什麼階段，都有學習的價值。以開頭引用的「最高的快樂是行善助人，贈幸福予人。為善最樂，只要你做，就必有所得！」為例，如果我們真心相信著行善助人、贈予人幸福，那就必有所得這件事，那麼在執行的過程中，因為相信結果是好的，所以心情與自己的滿足感也會想對提升。

　　非常顯著的一個正向案例，我想以雷諾曼預言來舉例，這是透過卡牌不同含義的組合，結合被測者的處境去做出未來發展的預測，雖然不會有很明確的指示接下來應該做什麼，但是施測者通常會將卡片含義結合正向意義去做出解讀，被測者若是相信牌，那麼也會朝著預測的方向前進。也就是越相信這份預測，預測就越準確，也因此透過這樣的預言，甚至能給予人安定的力量。很多時候我們只是剛好缺乏正向的鼓勵，只要我們相信並借鑒偉人們的觀念，就能讓自己的未來越走越順！

 **小啟示**

1. 找到問題的源頭，才能預防同樣的問題再次發生。

2. 換不同角度看待同一個問題，能得到的解答也會不同。所以解析深入組織分類是至關重要的。

3. 在表達中讓別人理解自己表達的想法，在傾聽時感受他人的想法，兩者結合起來才構成有效的溝通

4. 真正的智者是在解決問題的過程中展現智慧。

5. 因為我們擁有幫助人的能力與信念，所以我們獲得，而不是獲得之後才想到要回饋。

6. 我們看到被幫助的人而一同感到開心，因為受到幫助的人成長與獲得，自己的心靈同時也得到滿足。心靈富裕才是真正的富裕。

7. 巴納姆效應：相信結果是好的，相信偉人帶給我們的精神，那未來的發展也將依願而行。

主動學習解決問題，推動良善傳遞溫暖

「村民們就像親人一樣，
　我可以開著船到處去關心親人。」——侯武忠醫師

　　侯武忠醫師是澎湖離島醫事人員養成計畫的公費生，學成後自願回到家鄉為當地居民服務，各小島之間的交通船一天僅一個班次，若是遇上停駛，其他島嶼的居民就僅剩常駐衛生所的護理師可以求助，侯武忠醫師不忍居民受到疾病所擾，於是自己花錢買下兩艘快艇，向在地老船長學習開船，之後的每個星期都固定穿梭各小島看診。所謂仁心仁術，或許正是指侯醫師的偉大善舉。

　　善不是一種學問，而是一種行為。侯醫師是名善良的醫師，透過實際行為對周遭人付出關心，視同親人一般對待，藉由善舉把溫暖傳遞到周圍。侯醫師榮獲第十二屆醫療奉獻獎時曾說：「我沒什麼特別，自己是澎湖人，鄉親父老都好像是家人一樣。」從侯醫師謙虛的態度可以感受到，他的出發點不是為滿足自己，只是想平淡地帶給周遭環境更多溫暖。很多時候我們也應如此，善不該存在強烈目的性。當所有人都保持善良，世界就會有越來越多美好。勿以善小而不為，正所謂「不積跬步，無以至千里」，把

握住每一次能行善的機會，無論多麼細微渺小，或許終能形成善的循環，把溫暖傳遞下去。

　　緩慢但踏實地把善意轉化成善行，由小而大由內而外，從對自己負責開始，主動找出問題並勇於面對，從解決問題的過程中學習成長，後而打動他人形成共識、觸動而產生共鳴，氛圍隨之帶動，世界會因此有更多的良善推動出去，從自己、從團隊、組織，不斷擴散。因自己最一開始的主動學習、解決問題，終能形成無處不在的美好良善氛圍。這一大階段的系統性心靈成長是能受用在任何環境之下的，無論是在一對一的主動學習、打動人心，到最後形成龐大規模的良善傳遞，在學生時期、工作抑或是退休階段，善的傳遞不會消失，只會持續不斷地被創造並擴散出去。期許這個五階段架構可以帶給讀者整合性的思維，下圖為經驗傳承力第二階段的架構：

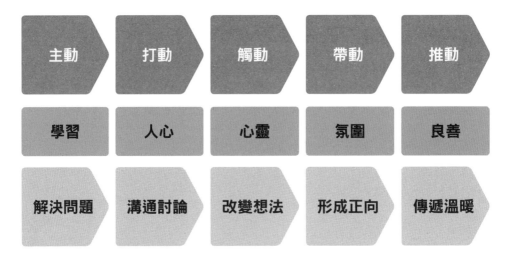

❶ 主動階段

每一次學習都會有前置的核心觀念，在主動求知學習之前，必須先釐清自己為何而學、學為何用，知道自己在這次學習中必須學會什麼，可以解決什麼問題，抱持著力學不倦的態度才能開啟之後階段的延續。

自發主動是很重要的心態，一味地等待受到幫助、困而不學，只會不斷地退步與挫折。侯醫師在面對醫療船班次不足的情形下，選擇自費購入快艇，因為原本的駕駛員很忙碌，時常無法配合每一次的固定醫療巡迴。侯醫師又向在地老船長學習如何駕駛快艇船隻，這般好學、勇敢解決難題，甚至無私地為他人付出，種種善舉都必須建立在主動學習解決問題之上。被動常駐僅有的部分衛生所對侯醫師來說也是一種方式，甚至可以很輕鬆，但在明知有其他選擇的情況下而不去嘗試，豈不是太浪費寶貴的成長機會了嗎？

我們的生活在不同階段也都是如此，選擇安逸可以讓自己很輕鬆，但主動自發地去求知學習及解決問題，不僅能讓自己有所收穫，正向的態度也會逐漸打動其他人。

❷ 打動階段

精誠所至，金石為開。打動人心是需要先經歷溝通與討論的，在人與人之間交流的過程，真誠的態度與行為能讓對方願意信任、耐心理解。

　　在能打動人心之前，上一階段的主動學習解決問題是與之連貫的。倘若在前一階段的「主動」當中，沒有真正理解自己為何而學，學做何用，沒有充分具備對自己學習的想法與觀念，那麼在打動人心的階段裡，就會難以與對方形成共識，畢竟自身的決心仍不足以打動他人。先學會對自己誠實且真心地主動，而後才能打動對方形成共識，進行溝通討論，把自己的想法與理念傳達給不理解的人。形成共識並非達到雙方立場一致，而是讓對方願意與自己坐下來談，溝通與討論的過程中找出一個平衡的方案，讓雙方的意見都能被納入考慮，完整地理解對方的立場與個體差異，帶著真誠與尊重，最終就能一起朝著共同的目標出發。

　　2015 年侯武忠醫師的遺孀陳慧娟小姐決定提早退休，改當侯醫師的助理，協助先生的離島醫療的工作，也為此考上小艇駕照，也從此開始真正體認到澎湖人的心聲，在交通、醫療、教育各議題表達出強烈的關心。侯醫師的真誠與善良，終於打動身邊最親的那個人。

❸ 觸動階段

　　觸動與打動的分界或許很模糊，但無庸置疑的是觸動比打動更困難、更深層。在打動階段形成共識，經過溝通與討論後，能讓不同個體朝相同目標努力，或說服他人支持自己的行動與目標。但如果想觸動心靈改變想法，就必須讓兩個以上出發點或是立場不同的人，在達成共識的前提下產生彼此間的「共鳴」。

在侯醫師病逝後，其遺孀陳慧娟小姐受到侯醫師的仁醫之愛觸動，仍然不斷替澎湖爭取相關權益，希望政府與眾人可以重視離島地區醫療、交通……等問題，也嘗試參選馬公選區議員，上百位侯醫師的醫學系老同學表示願意捐錢支持，但陳慧娟小姐婉拒政治獻金，並邀請他們加入醫療服務團隊，為澎湖爭取引入更多資源。這是一個極佳的共鳴案例，侯醫師無私付出的仁厚之心觸動了陳慧娟小姐，改變了她的想法，提早退休一同投入離島醫療服務的行列，在侯醫師病逝後，她仍舊繼續用力所能及的方式，為離島醫療努力爭取改變和進步。

與人產生共鳴本身不是主動的，但是可以主動地展現自己的真誠。用行動與態度打動他人後，自然會產生共鳴，吸引對方改變想法。

❹ 帶動階段

在前面一對一的各個階段，學會從交流與行動中讓人與人之間的頻率更接近，在兩個人成功達成共識、產生共鳴，擁有相同的頻率朝同樣的目標前進之後，才能把正向的氛圍帶動到更大的群體，如團體、組織，甚至是社會。

帶動周遭氛圍形成正向環境百利而無一害，一個人的力量有限，因此需要把正向的態度與行為散播到整個環境，如果群體中的風氣都能保持正向積極，事情也會有更多改善或解決方式，正所謂眾人扶船能過山。在學生時期，帶動氛圍形成正向能讓學生之間的學習交流更無阻礙，同儕之間

維持尊重且相互積極鼓勵的關係；在工作階段，與同事之間尤為明顯，正向的環境可以讓群體的工作效益倍數提高，互相幫忙、主動協助是常態，更少了許多職場內的勾心鬥角與猜忌；在退休階段，不因年老身體能力下降而消極，仍然用自己最大的能力完成份內和額外的事情，為社會盡一份心力，無需比較心意的重量，正向的態度會自然擴散出去，家人、朋友或是受幫助的人，都有可能會因這份自發而受益或成長，甚至改變想法。

放眼整個人生階段，在群體中形成正向的氛圍對於促進合作、創新、學習和情感連結至關重要。這種氛圍有助於打破障礙、減少摩擦，使成員（小至個人，大至整個社會）能夠更融洽地合作，「實現共同目標」。透過創建一個積極的環境，我們能夠營造出更美好的群體體驗，讓每個人都能夠在其中繼續成長和發展。

❺ 推動階段

在這個充滿多樣性和資訊流動極為快速的世代裡，推動良善並傳遞溫暖的力量比以往更加重要。透過善意、關懷和積極的行動，我們可以建立一個更友善、互助和凝聚的社會。

無論是微小的行動、態度還是跨度更大的善行，每個人都有機會成為這股溫暖正能量的傳遞者。在現今充斥著負面資訊的社交媒體環境中，推動良善的力量更加值得關注。良善行為能被延續與傳遞，積極的行動和真誠的態度可以在人際關係和群體中傳播，產生正向的氛圍。即便只是微小

的善行，例如幫助別人或表達關心，這種行動不僅能直接對受幫助的人產生積極的影響，也可能激勵對方去模仿類似的行為，進而擴散正面情感和行為。因為善具備這樣的延續性，才能創造積極的社會氛圍。這種環境能夠促進合作、信任和人之間的情感連結。一步一步踏實完成，勿以善小而不為，最終就會提高人們的情緒健康，並產生一股良性的傳遞，激勵人們投入社會公益和志願服務，進而推動社會的進步，讓社會環境充滿喜悅與善良。

推動良善傳遞溫暖並不僅僅是一種表面的行為，更是一種態度和價值觀的展現。侯醫師的無私善行，最後終於讓政府看見並開始重視離島醫療，將吉貝、鳥嶼、將軍三處衛生室升格為衛生所。

✚ 隧道效應

隧道效應意指當人處在隧道裡，視野就會受到隧道的限制而變得狹窄黑暗，無法看到隧道之外的事物。用作比喻人在壓力、困難之下難免會恐慌無助，導致目光短淺無法長遠考慮。

為了脫離人生漫長的隧道，透過本節五個階段的引導，帶領讀者逐步成長，從短視近利的思維昇華至能夠長遠規劃並依序完成，直到自己做好準備，脫離能力匱乏、席不暇暖的循環，有餘力去幫助別人，傳遞溫暖。以侯醫師的案例做說明，在診斷出癌症之後，他離世前仍持續為離島醫療貢獻自己，他不慌忙，也很平靜，僅僅期許自身貢獻的精神能傳遞、延續

下去，換作一般人，也許正著急忙荒地尋求治療或享受僅剩不多的時日。侯醫師離世後，陳慧娟小姐接手他的意志，嘗試以自己的方式繼續為澎湖在地的醫療，爭取資源與政府的重視，也有醫療團隊受侯醫師的精神所感動，規劃了離島義診的計畫（MedPartner）。

侯醫師的真誠與從容，無私奉獻自己為社會付出的心意，是值得我們學習的模範，他的眼光也許放得最遠，我們可能只看見他全力以赴去改善澎湖的醫療困境，但侯醫師甚至改變了很多人，成功讓自己的心意與精神傳承下去，這正是長遠規劃的魔力，即便自己不再能繼續為想要完成的事情付出了，仍有人接下這份意志持續努力。

小啟示

1. 「不積跬步，無以至千里。」把握住每一次能行善的機會，無論多麼細微渺小，或許終能形成善的循環，把溫暖傳遞下去。

2. 從對自己負責開始，主動找出問題並勇於面對，從解決問題的過程中學習成長，後而打動他人形成共識、觸動而產生共鳴，氛圍隨之帶動，世界會因此有更多的良善推動出去。

3. 主動求知學習之前，必須先釐清自己為何而學、學為何用。

4. 先學會對自己誠實且真心地主動，而後才能打動對方形成共識。

5. 主動展現自己的真誠，用行動與態度去打動他人後，自然會產生共鳴。

6. 推動良善傳遞溫暖並不僅僅是一種表面的行為，更是一種態度和價值觀的展現。

7. 把目光放到長遠的魔力是，即便自己不再能繼續為想要完成的事情付出，仍會有人接下這份意志持續努力。

教育晚輩群育相處，作育人才惠育利他

「想贏兩三個回合，贏三年五年，有點智商就行；
要想一輩子贏，沒有德商絕對不行。」——牛根生

　　蒙牛企業是由中國企業家牛根生創辦的公司，是中國乳品行業的佼佼者之一。牛根生以其卓越的領導才華，和對企業社會責任的高度關注而聞名。蒙牛企業不僅注重產品品質和創新，更強調以德服人的經營理念，建立了穩固的企業聲譽。牛根生對孝順的價值觀也表現在企業經營中，他認為尊敬和孝順家長不僅是個人修養的表現，還有助於建立和諧的家庭和企業文化。因此，蒙牛企業強調建立穩健的價值體系，並在商業成功的同時培養出具有社會責任感的企業公民。牛根生也是中國最大的慈善家之一，至今捐款將近 16 億人民幣。

　　將牛根生選為本節代表人物，是因為其在企業經營的方式上相當符合本節所要傳達的「教育晚輩群育相處，作育人才惠育利他」，從教育後輩付出執行、群育團隊如何合作共事、引導教導作育人才一直到惠育他人，教導利他施惠造福的觀念，最後也不忘感恩與關心養育自己的父母。相同的概念不僅能套用在企業經營，我們要參考牛根生的理念「先做人，再做

事」。當我們有了能力，同樣要帶領和引導其他人走向正確的道路，擁有好的觀念去面對人生當中的各種際遇。將優良的理念與為人傳遞到下一代，給予後輩好的示範與領導。

如何樂在學習、樂在工作、樂在生活及樂在生命？如何衡量自己的一生？我們可以學習牛根生的風範及內涵，可以傳承他宏觀的理念及想法，所以我將牛根生傳承給我們的觀念、精神及人生的目標，整合為本節中經驗傳承力的第三階段：**教育付出群育相處，作育人才惠育利他**。為了達到這個遠程的階段，我整理出系統性及思維性的框架和架構，希望讀者能脫離漫無目的探索，和沒有人生目標的生活，期許這個框架或架構能帶給讀者整體的觀念及整合性的思維。在這個經驗傳承力第三階段的框架如下：

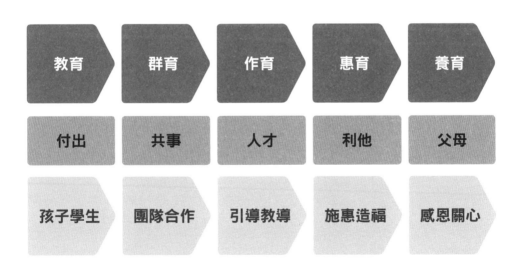

教育	群育	作育	惠育	養育
付出	共事	人才	利他	父母
孩子學生	團隊合作	引導教導	施惠造福	感恩關心

❶ 教育階段

　　教育是傳承的根源，能夠將畢生所學所得教給晚輩，才能讓智慧不斷延續。教育本身是需要有人願意付出甚至樂在付出的，知識與智慧不會憑空出現，唯有開拓視野與教育晚輩，才可以讓知識傳遞下去。耐心為晚輩、學生和自己的孩子付出，可以把好的觀念、正確的知識傳承給他們，如此一來社會中的可造之材會愈來愈多，是推動社會發展與進步的基礎。

　　牛根生創辦的蒙牛，其企業文化也是牛根生憑藉以身作則與觀念傳承所建立起的，牛根生曾說：「財聚人散，財散人聚。」他將 80% 以上的年薪都給大家分了，而其手下的高管人員與部門負責人也都得到了這樣經營人心的作風，成就了優良的企業文化，這樣主動放棄利益的風氣是知易行難的，這也是為什麼他的企業能夠成為產業中的佼佼者。

　　從蒙牛企業文化中我們能夠看到，教育的根本要從付出做起，若是最一開始牛根生沒有辦法以身作則放棄個人利益為團隊付出，那麼這樣優秀的企業文化不可能成功建立，更不可能延續下去。這一切都歸功於牛根生本身的教育方式，讓晚輩與企業中的其他人學習，先從自己付出作為楷模開始，自己願意做才能驅動他人效仿。

❷ 群育階段

在團隊中，每個人就像是一塊拼圖，只有大家齊心協力，才能呈現出完整畫面，彼此之間的配合和協同作戰是團隊成功的關鍵。具有個人風格與融入團隊並不衝突，作為一名教育者或領導者的角色，在面對團隊合作的育成之上絕對不可輕忽，首先要能夠放下成見去溝通，透過正確的方式化解團隊衝突的危機。能夠讓每個人的特長都有地方可以發揮，同時又不會壓抑到團隊中其他人的發展，一個人可以發揮百分之百，但是透過集結眾人優勢卻可以發揮到百分之一百二十，這就是團隊合作最大的價值，作為領導者與教育者必須將這樣的觀念傳遞給晚輩，才能減少團隊中的惡性競爭此消彼長。

牛根生曾說過：「發射自己的光，不要吹滅別人的燈。」他將這個觀念留給我們，也傳給自己的企業與團隊。牛根生的這句話不僅是他的人生格言，也是他對團隊合作的深刻理解。他認為，每個人都有自己的光芒，這些光芒可以是才華、技能、經驗或獨特的觀點。在團隊中，我們應該讓每個人的光芒發揮出來，而不是試圖吹滅別人的燈，以此來突出自己。這種做法不僅傷害他人且不道德，也會破壞團隊的和諧與效率。在牛根生的企業和團隊中，這種觀念深植人心。他們鼓勵每個人發揮自己的長處，並尊重他人的觀點和建議。唯有團隊共同朝著目標前進，才能達到最大效能，創造出最好的成果。

作為一名教育者或領導者，我們應該向牛根生學習，將這種觀念傳遞

給我們的學生和團隊成員。我們應該教導他們，真正的團隊合作不是相互競爭，而是相互支持和協助。只有這樣，我們才能培養出既有個人特長，又能融入團隊的新一代人才。

❸ 作育階段

對於領導者或教育者來說，作育人才的能力和養成後輩正確觀念是不可忽視的。他們的角色不僅僅是指導和管理，更重要的是啟發和引導。首先需要創造一個環境，讓每個人都能夠發揮自己的潛力，並鼓勵他們追求卓越。再者他們需要明確知道團隊或企業想要達到的目的，並將這個目標傳達給他們的團隊或學生，讓這些人能夠理解目標背後的意涵，才能創造出每個人都能夠明白他們的工作或學習是為了什麼的優良環境，並且會更有動力去追求這個目標。在引導與教導的過程中，聆聽與理解也是不可或缺的，要知道學生或員工的需求或是觀點，才能夠因應不同人才的發展給予相應的輔助。

牛根生曾說過：「我覺得自己沒缺過什麼人才，我認為使用是對人才最大的培養。米盧教練從不帶甲級隊，就帶乙級隊、丙級隊，把他們帶成乙級隊、甲級隊，這才是好教練！」這是牛根生對育才的獨到之見，他認為真正的領導者或教育者，不僅要有能力去發掘和培養人才，更要有智慧去適當地使用人才。他們需要創造一個環境，讓每個人都能夠找到自己的位置，在這個位置上發揮出自己的最大潛力。他們需要有足夠的包容心，

去接納每個人的不同，並且從中找到價值。他們需要有足夠的智慧，去理解每個人的需求和期望，並給予適當的指導和支持。

牛根生的這種觀念，對於我們的教育和領導實踐有重要的啟示。作為領導者或教育者，我們的角色不僅僅是指導和管理，更重要的是啟發和引導。我們需要創造一個環境，讓每個人都能夠發揮自己的潛力，並且在這個環境中找到自己的價值和意義。我們需要有足夠的包容心，去接納每個人的不同，並從中找到價值。我們需要有足夠的智慧，去理解每個人的需求和期望，並且能夠給予適當的指導和支持。

❹ 惠育階段

領導者與教育者需要傳遞正確的價值觀和人生觀。我們需要讓接棒的下一代明白，真正的成功不僅僅是個人的成就，更重要的是對社會的貢獻，每個人都有自己的價值，並且每個人都有能力為社會創造價值。真正的幸福和滿足感來自於實現自我價值，而不僅僅是物質的擁有。除了工作與成長之外，更重要的是要能為他人著想，有了能力之餘也要有關懷社會的精神，施惠造福是我們身為社會的一份子所要完成的責任。

牛根生曾言：「不問我的一盞燈能照多少里路，惟問照亮天下需要多少盞燈。」牛根生的這句話，深刻地揭示了他對施惠造福和利他精神的理解。他認為，每個人都像一盞燈，有能力照亮自己的道路，但真正的價值並不是能將自己前方的路照得多遠多亮，而是這些燈若能夠集結起來，便

能照亮整個世界。牛根生本身就參與了相當多慈善活動與捐助款項，除了自身的實際行為之外，他也鼓勵企業團隊中的其他成員學習這樣的利他精神，因為他知道：「不問我的一雙手能做多少事，惟問移泰山需要多少雙手。」若能將這樣的精神與觀念傳承給別人，那麼集眾人之力必能移泰山。

❺ 養育階段

牛根生說：「太陽光大，父母恩大。」當一個人走過人生的起起伏伏，經歷了種種成就和努力，擁有豐富的經驗和智慧，也懂得生命中的真諦，此時，他或許已站在成功的頂峰。但更重要的是，不要忘記懷着一顆感恩的心去回望父母的養育之恩。

中年之際，人生如同一幅豐富多彩的畫卷。或許我們在事業上取得了卓越成就，或許我們用心經營家庭，或許我們投身公益事業，幫助他人走出困境。這些成就彰顯著個人的努力和智慧，同時也是社會進步的一部分。然而，在光環的背後，千萬不可忽視默默守候、給予支持的父母。

太陽光大，照亮了我們的前行路；父母恩大，潤澤了我們生命的每一個角落。當我們努力奮鬥，為社會做出貢獻，更要時刻牢記父母的辛勞和無私奉獻。他們或許沒有華麗的事業，卻有著一顆為子女默默奮鬥的心；他們或許沒有激昂的言辭，卻有著溫暖的愛心。正是在這份深沉的親情下，我們才能在風雨飄搖的歲月中找到支撐的力量。

✚ 保齡球效應

　　有兩個保齡球隊伍正在練習，都以一球打倒了七只瓶。教練甲對自己的隊員說：「打倒了 7 只，很不錯！」教練乙對自己的隊員說：「怎麼還有 3 只沒打倒呢？」這個案例描繪了兩種不同的領導風格和激勵方式。教練甲選擇以正面的方式鼓勵隊員，對他們的表現給予正向評價，激發他們更努力。這種積極的反饋可能使他們更加投入練習，進一步提升表現。教練乙選擇了批評和挑剔的方式，指出還有 3 只瓶子沒有被打倒。這種否定性的言論可能導致隊員感到挫折和不滿，可能影響了他們的動力和表現。結果是，B 隊伍的表現逐漸下降，因為隊員可能感到被打擊了信心，失去了對目標的積極性。

　　每個人心裡都渴望被鼓勵及嘉許，牛根生在經營企業時也是利用這一點，透過金錢的獎勵制度，進而建立優良的公司文化與工作風氣。他曾說過「財聚人散，人聚財散。」也讓蒙牛（牛根生的企業）在短時間內急遽成長，靠的就是獨特的激勵制度。與蒙牛相伴成長的是蒙牛的員工，特別是管理層的平均薪資高速增長。2015 年蒙牛在工資、分紅與員工福利共支出 3.9 億人民幣（折合台幣約 17.2 億）。這個案例很清楚地展示激勵的領導風格，讓員工更願意去面對工作。教育也是如此，當我們在教導的過程給予責罵與批評，那麼學生與孩子只會排斥面對，想要逃避學習，這樣才不會被罵；若是給予鼓勵與支持，則會讓學生與孩子更願意去面對學習上的問題並解決它。

 **小啟示**

1. 教育是傳承的根源，能夠將畢生所學所得教給晚輩，才能讓智慧不斷地延續。

2. 發射自己的光，不要吹滅別人的燈。

3. 真正的領導者或教育者，不僅要有能力去發掘和培養人才，更要有智慧去適當地使用人才。

4. 真正的成功不僅僅是個人的成就，更重要的是對社會的貢獻。

5. 不要忘記懷着一顆感恩的心，去回望父母的養育之恩，千萬不可忽視在光環的背後，默默守候、給予支持的父母。

6. 保齡球效應：用正面鼓勵取代負面批評與責備，才能讓學生或員工更願意面對工作與學習。

找對觀念擇對事情，做對人生惠對世人

「**一個人若不計較功勞歸於誰，**
成就會更大。」──辜振甫

　　「找對觀念擇對事情，做對人生惠對世人。」這是連貫一致的，一旦找對觀念擇對事情，自然知道如何且為何要做對人生惠對世人。

　　觀念是從小累積的，從父母、從學校教給你，一直到出社會的經驗累積，都是在不斷授予和修正自己的觀念。觀念對了才找方法，方法百百種，如何能在好與壞的方法之間做出區隔，需要有好的觀念，這樣投機取巧或不務實……等不正確的方式，會在好的觀念裡被篩選排除，所以只要有好的觀念，方法都是可行踏實的。在選擇事情的時候，透過好的道德觀去判讀是非，別人所說的並非一定是對的，要透過累積起來的好觀念，以及大量閱讀參考偉人的行為，去形成自己的正確觀、知識觀及道德觀。有了判斷是非的能力，也要能實踐自己認為對的事情，透過實作與經歷去堆疊自己的價值觀，多看多學充實自己，才會有對事情解讀判斷的能力。充實好自己的能力與觀念，有了能力之後要轉為主動幫助人，因為實踐自己認為對的事情只是不危害他人與社會，而利用自己的能力造成影響，惠對世人

才是最終的意義。

　　如何樂在學習、樂在工作、樂在生活及樂在生命？如何衡量自己的一生？我們可以學習辜振甫的風範及內涵，可以傳承他宏觀的理念及想法，所以我將辜振甫傳承給我們的觀念、精神及人生的目標，整合為本節中經驗傳承力的第四個階段：**找對觀念擇對事情，做對人生惠對世人**。為了達到這個遠程的階段，我整理出系統性及思維性的框架和架構，希望讀者能脫離漫無目的探索，和沒有人生目標的生活，期許這個框架或架構能帶給讀者整體的觀念及整合性的思維。在這個經驗傳承力第四階段的框架如下：

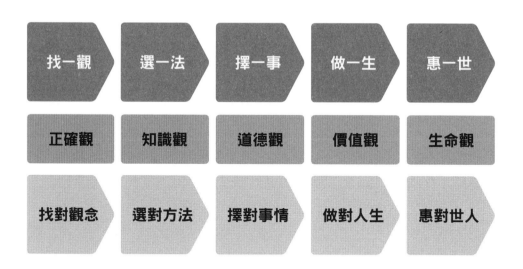

❶ 找一觀

　　在學習過程當中，會接收到相當龐大的資訊，這些資訊與知識都需要用正確的觀念來過濾篩選，學習很重要，但我們應該學習「對的事情」，這時正確的觀念可以避免我們學錯方向。正確的觀念是從我們的家庭教育、學校教育、工作環境慢慢累積並不斷修正的。

　　以本節的代表人物辜振甫為例，他接受日本教育，於二十歲接手家裡龐大的產業，而後成立台灣水泥集團和台灣第一家信託公司，海基會成立後擔任董事長一職。在 1945 年日本投降後，辜振甫和其他台灣有力人士，試圖與日軍討論動用仍部署在台的日軍，協助台灣獨立。擔任海基會董事長時，也代表台灣出席著名的「辜汪會談」，協議兩岸的九二共識。因為學習階段形成的正確觀，在能動用自身的能力時，去對整個社會造成正向的影響，促成和平……等偉大事蹟，是我們值得參考學習的。若不能在人生各階段形成好的觀念，能力充足後也將無法充分善用自己的影響力，促成更好的社會。

❷ 選一法

　　達成結果的方法有很多。以賺錢為例，同樣都是賺很多錢，但我們能夠清楚辨別哪種是腳踏實地的累積和投機取巧。從事詐騙可以快速取得錢財，但是對社會大眾有害；一步一腳印往上做，成立一個善盡企業社會責

任的集團也是賺錢，卻能給社會環境帶來好處。

　　透過大量閱讀、學習，建立屬於自己的知識觀，並善加利用好的知識尋找方法，務實地走正確的路。選擇方法時，我們應該考慮其道德性和社會影響，正確的方法應該是道德的，有益於社會和他人，而不是僅為了個人利益而採用。我們應該衡量方法的長期和短期後果。長期穩健的方法通常比短期迅速的方法更有價值，因為這些好的方法能夠持久地影響社會。

　　辜振甫的商業成就，反映在他做事的方法和方向。追求商業成功時，選擇正確的方法至關重要。辜振甫在大學畢業後，赴日攻讀財政工商管理，並在回國後應用在其事業版圖中，一步一腳印走完他的路。他的事業不僅為自己帶來成功，也因其在教育階段建立起的正確觀，應用所學的知識觀，創立龐大事業的同時，為整個台灣帶來了積極影響，且在後續也善用自己的影響力促成國際和平與共識。

❸ 擇一事

　　我們在做選擇的時候很容易從眾，但是別人說的、做的不一定是對的，只是當下風氣或群體文化所驅使，這時候就應該要判斷這件事情是不是對的、能不能做，透過道德觀去分辨是非。所以我們要透過大量閱讀、學習充實自己，在增廣見聞的同時，參考各領域偉大人物的觀念、行為或事蹟，累積自己正確的道德觀。

　　辜振甫曾言：「坐過牢有什麼不名譽，那樣可以判罪嗎？政府沒有替

我平反，我已經很不平了，今天又在立法院有這種待遇，我覺得非常不公平。」他曾因台獨案入獄，卻仍堅信自己所做之事是正確的，他有穩定且強力的道德觀，讓他能自信的選擇自己認為對的事情。即便在當時的社會風氣下，辜振甫被視為漢奸與日軍同路，他仍在事後表明自己「從未出賣過台灣」，這是源於他對自己選擇的事具有強大的信心，確定自己是為社會整體好，所以可以名正言順有底氣的面對自己、面對國家，甚至是面對社會大眾。

❹ 做一生

透過前面階段的鋪陳，找到正確的觀念，選擇好的方法，選擇對的事情後，便要開始實踐，有了「做」才有具體的行為，前面的階段建立好的觀念（正確觀、知識觀、道德觀），這些觀念串連起來形成價值觀，讓我們在做事情的時候，不會有害於社會。

在不同階段下，無論是學習階段、工作階段或是退休階段，都會有想要完成的事，最一開始是動機和想法，經過時間的質疑與肯定，化作具體的計畫，這份計畫透過我們正確觀、知識觀和道德觀的層層考驗，最後放心大膽地去實踐，這是完成一件事情的步驟。實踐某一件事情時，會經由我們的價值觀的審判，決定事情的可行性，質疑這件事是否對社會有幫助，還是有害於社會。選擇對的事情去做才會成功，但如果只停在選擇對的事情，遲遲不敢實踐，就永遠不會完成自己認為對的事、做對人生。

❺ 惠一世

惠對世人是有能力的我們應該做的，做一世的實踐不有害於人，但當我們逐漸累積起充裕的能力，應該主動向外影響，去幫助別人、幫助社會。

辜振甫的生平是「惠一世」理念的生動展現。他並不僅僅是成功的商業家，更是積極參與社會和國家事務的公民，擔任海基會董事長時在著名的辜汪會談中與中國達成九二共識，這是兩岸關係中的重要一步。他的參與有助於國際和平與合作，並促成九二共識，這對兩岸關係有深遠的影響。他的生涯中充滿了行動，他努力學習、創業、參與政治，並致力於慈善事業。他一肩背著台泥，一肩扛著國家外交的使命，從 PBEC、PECC、APEC，到兩岸辜汪會談，在國際間披荊斬棘，帶著台灣穿越困境，一步步走向豐盛富饒的應允之地。

「惠一世」是一種精神，激勵我們積極參與並有所作為，不僅是為了個人成功，還為了社會的進步和改善。參考辜振甫的生平事蹟，我們每個人都有能力去或大或小地幫助這個社會，以行動讓我們的生命變得更豐富有意義，同時對社會和世界產生積極影響。

✚ 尼倫伯格法則

尼倫伯格法則是在表述一場成功的談判，雙方都是勝利者（雙贏）。糟糕的談判時常試圖強迫對方改變立場，而一場成功的談判是知道即使立

場差異懸殊，雙方的利益也是可以共同的，雙方的目的不一定相同，讓談判中的對方或的，自己不一定會有損失。

　　辜振甫以海基會的身分代表台灣出席辜汪會談，是相當經典的例子，值得我們學習，而後因辜汪會談達成的九二共識也是兩岸談判的重要成果。時至今日，兩岸議題仍然是我國最大的政治話題之一，辜振甫所做的付出也延續至今，對兩岸關係有相當深遠的影響。他多次與中國的談判，試圖達成對雙方都有利的場面，得到雙贏的成果。現任海基會副董事長邱進益也道：「九二共識與辜汪會談為台海帶來三十年和平，平心而論，九二共識本身沒有出賣台灣任何利益，當初談判、建構九二共識的那些人，真的是對得起台灣的老百姓。」這正是辜振甫的生命觀，惠對了台灣，盡其所能的幫助社會大眾達到有利的局面。

小啟示

1. 觀念是從小累積的，從父母、從學校教給你，一直到出社會的經驗累積，都是在不斷授予和修正自己的觀念。
2. 正確的方法應該是道德的，有益於社會和他人，而不是僅為了個人利益而採用。
3. 我們要透過大量閱讀、學習充實自己，增廣見聞的同時參考各個領域偉大人物的觀念、行為或事蹟，累積起自己正確的道德觀。
4. 當我們逐漸累積起充裕的能力，應該主動向外影響，去幫助別人、幫助社會。
5. 成功的談判是雙方都好，雙贏的結果。

CHAPTER 05

人生修煉力

LIFE CULTIVATION POWER

重視他人感受，做出他人感動

「知父母、師長、社會、國家及三寶的恩德，
並且進一步感恩、報恩。」——**惟覺法師**

如同惟覺法師所說：「知父母、師長、社會、國家及三寶的恩德，並且進一步感恩、報恩。」意即無論親疏關係、身份高低、同儕、同學、導師、雙親，甚至是社會中的每一個人，都在支持我們，都在為我們奉獻，所以要知恩並感恩。所有個體從誕生到學業有成的每個階段，都依賴於父母的生育、培育和照顧；求學時，導師的指導和教誨使我們學會謀生的技能和知識；創業階段，社會和國家為我們提供穩定的生活和就業機會，若缺乏這些支持，生活將充滿困難，事業難以成功；在人生的旅途中，使我們能超越生死之藩籬，擺脫輪迴之苦，達到極樂的彼岸。這一切人、事、物都對我們產生直接或間接的助益，因此，我們理應深刻省思並保持感恩之心，乃至報答這份恩情。

我們時常被迫投入自己的忙碌生活，為了個人目標、事業發展或家庭生活，我們可能常忽略了周遭的人，特別是那些在我們生活中默默付出的人。然而，若能夠停下腳步，細心觀察，我們會發現，他人的感受對於我

們的生活有著深遠的影響。「重視他人感受，做出他人感動」並不只是美好的期許，更是一種實踐的態度。本節我們將討論如何對他人的提攜心存感念，以及為他們的善意親自表達感謝。透過這樣的互動，我們將能在日常生活中創造出令人難忘的時刻，成為他人心中的溫馨回憶。同時，我們也將深入探討感恩之情，特別是對我們生活中貴人的感激之情，給予實際回饋，無論是擁抱或感謝，都是表達感恩之情的好方式。

　　如何樂在學習、樂在工作、樂在生活及樂在生命？如何衡量自己的一生？我們可以學習惟覺法師的風範及內涵，也可以傳承他宏觀的理念及想法，所以我將惟覺法師傳承給我們的觀念、精神及人生的目標，整合為本節中人生修煉力第一階段：**重視他人感受，做出他人感動**。為了達到這個遠程的階段，我整理出系統性及思維性的框架和架構，希望讀者能脫離漫無目的探索，和沒有人生目標的生活，期許這個框架或架構能帶給讀者整體的觀念及整合性的思維。在這個人生修煉力第一階段的框架如下：

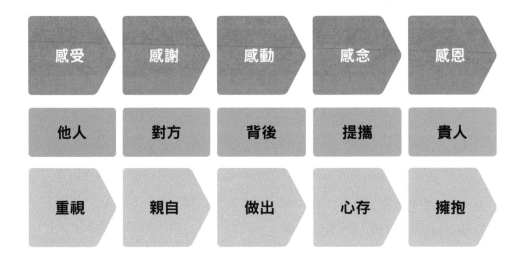

❶ 感受階段

在現今社會，重視他人感受已然成為一種不可或缺的情感智慧，這背後承載著我們生活中無處不在的互動和溝通。這種情感連結的價值在於它超越了單一個體，轉而強調人與人之間的相互理解、共鳴和支持。為什麼這樣的情感表達方式在現今社會顯得如此關鍵呢？我們生活在一個因科技而高度互聯的社會，每天與各種背景、價值觀的人接觸。這種多元性使得我們需要更具靈活性的社交技能，而重視他人感受則成為了建立有深度連結的關鍵。透過主動聆聽、理解他人的情感和需求，我們能夠打破溝通障礙，建立更豐富、開放的人際網絡，接觸到的人也會因為我們重視其感受，而對自己保有更多敬重。

　　惟覺法師的「對上以敬，對下以慈，對人以和，對事以真」這四句箴言，為人們在重視他人感受的過程中，提供了明確的指引，這些都是惟覺法師所悟來的待人之道。這樣的觀念在建構積極的人際關係和促進社會和諧上有顯著的作用。「對上以敬」意味著在面對長輩、上司或地位較高的人時，應保持敬重的態度。這種敬意可以從細微的言行舉止中展現，比方說，尊重對方的意見、重視對方的經驗。透過這樣的態度，不僅尊重了他人的價值，也營造了一種和諧的溝通氛圍，有助於建立正面的人際關係。「對下以慈」強調在面對居於自己之下的人時，應保持慈悲之心。這種慈愛不僅表現在言語上的關懷，更展現在實際行動中，包括給予協助、理解對方的處境等。這樣的慈悲之心不僅豐富了我們的內在情感，也營造一種支援與關愛的環境，使得每個人都能在這樣的氛圍中茁壯成長。在對待平等的他人時，「對人以和」的概念顯得至關重要。這裡的「和」不僅是指避免爭執和衝突，更是一種尊重差異、包容多元的態度。透過對人以和的處事方式，我們能夠建立一個互相理解、互相尊重的社會環境，促進彼此之間的和諧共處。最後，「對事以真」強調在處理事務時要保持真實、誠實的態度。這種真誠不僅鞏固了人與人之間的信任，也建立了穩健的價值體系。透過對事以真的原則，我們能夠在日常生活中建立可靠的信任基礎，使人際關係更加牢固。

　　惟覺法師所說的四句箴言，要先能重視他人感受，才有辦法做到如此程度。若面對不同的人，無法體會對方的立場、重視對方的感受，那麼自然也無法做到「對上以敬，對下以慈，對人以和，對事以真」。

❷ 感謝階段

惟覺法師曾說：「能知恩、感恩、報恩，人生就能知足常樂。」知恩、感恩、報恩是一種深刻的生活哲學，貫穿其中的是一種積極向上的生活態度。在功利社會中，人們往往被迫追求效率與競爭，而忽略了內心的平靜與感恩。然而，正是透過知足常樂的態度，我們可以發現一種更加豐富、更加充實的人生。如果我們能夠以知恩、感恩、報恩的心態來審視生活，就會發現原來一切的機會和成就都來自於社會的種種因緣和助力。工作機會的獲得並非偶然，而是社會的一種饋贈，是前人的經驗傳承和同事共同成就的結果。

在工作場景中，當我們意識到同事的支持和幫助對工作產生積極影響時，應親自向他們表達感謝，這不僅是一種禮貌，更是對他們付出的一種肯定。透過親自感謝，我們向他人傳遞了一種積極的態度，也激發出團隊合作的正能量。這種正面的交流有助於建立良好的工作氛圍，增進團隊凝聚力。在家庭生活中，常常有許多親情的表達需要親自傳遞。當家人為我們付出時間和愛心時，透過親自感謝，我們不僅表達了對他們的感激之情，也拉近了家庭成員之間的距離。這樣的感激之心能夠在家庭中傳遞溫暖，建立起相互尊重和理解的家庭氛圍。在社交場合，親自感謝更是一種人際交往的良好習慣。當朋友、同事或他人對我們提供幫助時，透過親自致謝，我們不僅展示了自己的真誠，也讓對方感受到被重視和受肯定。這樣的正面互動有助於建立良好的人際關係，使我們在社交中更容易得到支持和信

任。

因我們從不能獨自完成或達到任何成就，所以要懂得對於支持與幫助我們的人，親自表達感謝，感謝建立於重視他人感受之上，我們希望有人願意幫助他人之時，也能獲得一份來自心靈的喜悅。

❸ 感動階段

在學會親自感謝他人的基礎上，我們可以更進一步透過同樣真誠的方式去感動他人，創造更加深刻的人際關係。做出他人感動，不僅僅是一種付出，更是一種收穫。瞭解他人的需求和關心點，是創造感動的重要一環。透過重視他人感受，我們能夠更準確地理解他人的期望和希望。當我們能夠主動關心他人的需求，並以實際行動滿足他們的期望時，往往能觸動他們內心深處的情感。這種關懷和關心的方式，是建立真摯感情的關鍵。與感謝不同的是，要學會主動為他人提供幫助，這便是創造感動。當我們看到他人在困境中時，能夠主動伸出援手，提供真實而實質的幫助，往往能深深打動他們。這種無私的奉獻不僅展現出我們的關愛和慷慨，也會在他人心中留下深刻的印象，建立起互相信任的關係。對他人的成就和進步表示由衷的讚美和祝福，也是創造感動的一種方式。當我們能夠真心為他人的成功和努力而感到高興，並表達出真摯的祝福時，往往能讓他們感受到被認可和重視。

做出他人感動並不一定有特定對象，惟覺法師就曾做出許多令人感動

的事蹟，如普設精舍以舉辦禪修課程、公益活動、社區服務，以及創辦普台國小及國高中。回饋社會更多幫助令人感動，同時也建立起善的傳遞，創造感動。主動而實際的行為是非常困難的，沒有壓力也不會被逼迫，所以要發自內心的感謝自己成長過程的所見所聞及他人的幫助，懂得感恩才知道怎麼報恩。

④ 感念階段

　　惟覺法師提攜後輩，並不是出於私心，而是出於慈悲和智慧。他看到後輩有潛質，有能力成就大事，所以願意幫助他們，提攜他們。這並不是希望收他們為徒，而是希望他們能夠獨立成長，成就大事。在我們的身邊，也有很多被他人提攜的故事，例如在求學時得到老師的幫助；在創業時得到朋友的幫助，最終事業有成；在遇到困難時得到陌生人的幫助，最終渡過了難關。這些故事都告訴我們，在他人的幫助下，我們可以走得更遠，飛得更高。因此，我們應該心存感念，感恩那些曾經幫助過我們的人。

　　然而，如同惟覺法師的慈悲心一樣，也有很多人提攜後輩是不求利益回報的，只要我們能夠心存感念，並將這份心意傳遞下去，那就是很好的循環，源源不絕的會有人投入去提攜他人。心存感念的同時，也能讓提攜我們的人感受到回饋與我們的成長，給他們好的感受。因為我們已學會重視他人感受、做出他人感動，對於這些曾助我們脫離困境的人要懂得心存感念，才得以將這份心意不斷延續下去。

❺ 感恩階段

惟覺法師曾在《中台山月刊》68 期寫道：「用心思惟，知恩感恩，用感恩開創光明人生。」深入思考、反思，對於生活中種種經歷和人際關係進行深刻的思考，認識和感激他人的善意和幫助。知道自己所受到的一切並非理所當然，而是來自於他人的付出和社會的支持。感恩的心態使人能夠更加珍惜。當我們能以感恩的心態面對生活中種種挑戰和困境時，就能在逆境中保持光明和積極。

在現今充斥著物慾的社會中，人們往往陷入無盡的煩惱和苦悶，倫理與道德也似乎逐漸失去方向。若能夠領悟並實踐知恩、感恩、報恩的道理，就是開創一條光明人生的關鍵。在功利社會強調效率與競爭的環境中，我們愈來愈不知足，想要有更好的物質生活、想要有更多的休閒時間等，埋怨世道不公卻仍做不出改變。但若我們換個知足的心態去想，我們依舊有地方洗澡睡覺，我們仍然能三餐溫飽衣食無缺，這些不僅是自己努力就能得到的，也需要社會中其他人不斷努力的結晶，我們才有地方住，才有美食可以享用。所以要懂得感恩，感恩這些為我們付出而不求回報的人，甚至是提拔自己的貴人。

只要我們能夠感恩一切得來不易，那麼心靈上便會富足快樂，也能將正能量傳遞給其他人。

✚ 明心見性效應

「明心見性」是佛教用語,意即透過智慧的心,來了解煩惱的心,並相信所有眾生都具備佛性。透過明心見性,我們可以消除煩惱,看到事物的真相,並體悟到諸法同一真性的道理。惟覺法師曾說:「明心見性,見性成佛。」明心是指理解自己的菩提心,見性是指認識到自己的本心本性,成佛則是達到法身佛的境界。一旦領悟了心性,修行證悟的時間就會大大縮短。

所有事物的本質皆相同,我們認為事物存在的樣態,是我們投射的妄想,跟真實不合。只要了解「空性」,那麼煩惱便會隨之而散。空性並非指所有東西都不存在,而是真實與我們所認知、所想像體會到的不同。舉例來說,當你在看一朵花時,你可能會被它的美麗所吸引,甚至想要擁有它。但如果你理解空性,就能看到花朵的本質,它只是一種自然現象,由陽光、水分、土壤和種子等因素所組成。花朵的美麗只是一種表象,它的存在並不是為了滿足你的欲望。因此,當你看到花朵時,你可以欣賞它的美麗而感到開心喜悅,但不會因為無法擁有或帶走花朵的美麗而產生執著和煩惱。同樣地,當你看到其他事物時,如果理解它們的本質,就能夠減少你的執著和煩惱,進而達到心靈的平靜。

當我們認識煩惱與真實的連結,那麼煩惱便會隨之而去。所有事情的本質皆是如此,只要深入了解看透根本,其實沒有什麼事情是值得煩惱與懊悔的。

 **小啟示**

1. 透過主動聆聽、理解他人的情感和需求，我們能夠打破溝通障礙。
2. 我們從不能獨自完成或達到任何成就，所以要懂得感謝支持與幫助我們的人。
3. 要發自內心的感謝自己成長過程的所見所聞以及他人的幫助，懂得感恩才知道怎麼報恩。
4. 在他人的幫助下，我們可以走得更遠，飛得更高。所以我們應該心存感念。
5. 感恩一切得來不易，心靈上便會富足快樂，也能將正能量傳遞給其他人。

慈心學習給予自己，慈悲傳習給予智慧

「生命的價值不在長短，
而是一生中做了多少利益別人的事。」——藍英哲醫師

藍英哲醫師 45 歲時決心投入志工行列，從原本職業月入數十萬元，一夕間銳減至不到兩萬元，孩子不能了解父親為什麼做出這樣的選擇，也無法諒解，造成好長一段時間裡，親子關係非常緊繃。如同藍英哲所說：「生命的價值不在長短，而是一生中做了多少利益別人的事。」他也以實際作為，將這樣的觀念傳承給自己的孩子、傳習給世人，自己的孩子也因此學習到真誠，且耐心地幫助別人，留下了利他的精神。

生命的長度有限，但生命的寬度卻能由自己改變，從慈心、慈愛和慈善一直到成為一個慈悲與慈眉的人，都是我們生命價值的成長過程，是拓寬生命的途徑。在反覆學習與練習的階段中，慢慢累積我們的慈心與慈愛，當內心有了充足的慈愛之後，才有動機去參與慈善，把好的觀念與思維帶給晚輩。當成為一名慈悲的人，透過自身影響力與作為，給予自己智慧，也給予他人溫暖，最終將能是一位慈眉善目的人，給予他人慈祥慈愛的正能量，為社會帶來慈善的循環。

　　如何樂在學習、樂在工作、樂在生活及樂在生命？如何衡量自己的一生？我們可以學習藍英哲的風範及內涵，也可以傳承他宏觀的理念及想法，所以我將藍英哲傳承給我們的觀念、精神及人生的目標整合為本節重點：**慈心學習給予自己，慈悲傳習給予智慧**。為了達到人生修煉力的第二個階段，我整理出系統性及思維性的框架和架構，希望讀者能脫離漫無目的探索，和沒有人生目標的生活，期許這個框架或架構能帶給讀者整體的觀念及整合性的思維。本節完整框架如下：

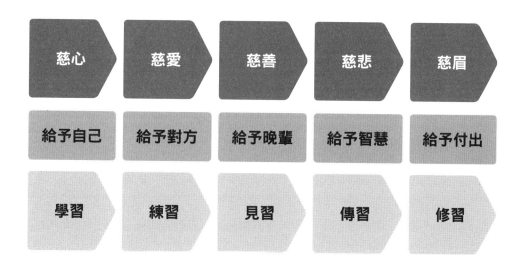

❶ 慈心階段

　　慈心是一種對他人的關懷和同情，是一種內在的修為，可以透過學習和培養來發展。透過培養自己的慈心，可以更好理解他人的感受，並對他們的需要和困難產生共鳴。藍英哲醫師是一位擁有豐沛慈心的醫生，他無償地為那些需要幫助的人提供牙科醫療服務，包括在監獄裡的受刑人，對不少人產生了正向影響，讓那些被藍英哲醫師治療的人，不只醫好了牙，更療好了心。

　　藍英哲面對他人質疑為何要幫助犯罪的人時曾回應：「醫師是救護者而不是懲戒者；受刑人既然是病人，幫助有病痛的人減輕病痛，天經地義。」我們學習培養慈心，能夠讓我們更有同理心，可以看見他人的困境與需求，也因此我們透過幫助他人獲得的滿足與成就感也隨之提升。因為清楚知道別人的不容易與自己的使命，內在情緒與外在言行也就跟著變得穩定不易浮躁。

　　透過學習和培養慈心，我們可以成為更好的人，並對他人產生積極的影響。藉由藍英哲醫師的案例，我們可以看到慈心的價值，並向我們展示以慈心來幫助他人的影響力。最終，透過不斷地學習去培養慈心，我們可以獲得更多幸福和滿足感，成為一名對社會、對他人都更好的人。

❷ 慈愛階段

從慈心到慈愛的階段是雙向的，當我們培養慈心、邁入慈愛時，在實際練習裡或多或少會發現自己不足的地方，便需要再次回到學習階段，去將自己的不足填補起來。這樣反覆學習與練習的過程是在養自己的內在，讓自己具備寬厚的心去給予他人。

當藍英哲醫師決定投入志工行列時，卻因過渡期的忙碌忽略家中小孩的感受，導致小孩無法理解「為什麼別家醫師的孩子可以過好日子」，也無法諒解父親的決定。後來藍英哲透過福智團體的課程，才漸漸改善與孩子的關係。藍英哲後續回顧這段時日，認為這是孩子對父親的考驗，覺得自己「因而學習了如何真誠、耐心地幫助他人」。在練習的過程中學習，也在慈愛的練習中培養慈心，學習填補自己的不足之處。

藍英哲醫師的故事告訴我們，練習慈愛不僅是一種內在修養，也是一種對他人的貢獻。在實踐慈愛的過程中，我們可能會遇到各種困難和挑戰，但正是這些挑戰讓我們更加成熟和堅定。藍英哲醫師在練習慈愛的過程中，不僅學會了如何真誠、耐心地幫助他人，也學會如何與家人建立良好的親子關係。這樣的練習不僅能夠填補自己的不足之處，還能夠讓我們更富有同理心和關懷之心，去關注身邊的人和事，為他們帶來溫暖和幸福，獲得雙贏的局面，利己也利他。

❸ 慈善階段

一己之力固然有限，但是當我們成熟時，可以帶領晚輩投入慈善事業，一起為社會做出貢獻。在這個現實中，自己的成功或許能帶來瞬間的滿足，但真正的滿足往往來自於將自己與眾人的力量投入更大的目標——慈善。透過慈善的行動，我們可以幫助需要的人，並為社會帶來正面的影響與傳承。參與慈善事業可以讓我們更好地認識自己，發掘自己的潛力，同時也是對自己的一種練習，並帶領晚輩見習。利他精神的傳承非常重要，因為它可以讓我們更加關注他人的需要，為他人帶來幫助。透過利他精神的見習與傳承，我們可以讓更多人參與到慈善事業中。

藍英哲在屏東縣牙醫師公會發起山地離島偏遠地區巡迴醫療團，並出任第一任團長，以組織的形態落實利他精神與傳承。其組織的福智義診團，也帶領各科醫療人員前往山地偏鄉義診。這便是一種傳承，是帶領晚輩見習的絕佳典範。當我們能力與思想成熟起來，更應該思考如何將所學所得轉化為社會利益。這並不意味著我們要放棄個人追求，而是要將關懷擴展到更廣泛的層面。將眼光轉向晚輩，引導他們投入慈善工作，是我們責無旁貸的使命。

透過慈善事業，我們能夠建立起更緊密的社群，促進社會和諧與發展。這不僅僅是一個人的事業，更是集體的力量。將自己的知識、資源和經驗分享給他人，將會創造出更美好、更溫馨的社會環境。

❹ 慈悲階段

　　從學習、練習到見習，是直接培養自己與周遭的人；從慈心、慈愛到慈善，是以自身作為去改變環境。當我們擁有慈悲之心，經過前面三個階段的歷練成就了自己的影響力，無論是資源、人脈或是智慧都更加成熟，那就進到了「慈悲傳習給予智慧」的階段了。利用自身的影響力把利他精神傳習下去，一代傳一代，讓更多人能看到互助互惠的利他精神。無論是演講、著作或是組織……等，將自己所學所得傳遞給其他人，將智慧傳習下去，至死不渝。

　　藍英哲醫師所組織的福智義診團就是很好的傳習工具，藍英哲作為第一任團長，帶領晚輩見習慈善，培養出能夠傳承自己精神的人們，這些晚輩有一天也會成為別人的前輩，再次帶領下一代去完成相同的慈善目標。藍英哲醫師也曾在福智文教基金會舉辦演講時說道：「發現他人的優點，學念恩，要先有正確的方法，向有經驗者學習，同時與志同道合、有相同目標的一群人共同練習。」就這樣一代傳一代，稱為傳習。

❺ 慈眉階段

　　要成為慈眉善目的人，意味著走上一條對他人無私奉獻的旅程。這並非僅僅是一種善意的表現，更是一種內在的堅持，對人性善良的堅信。與這種選擇緊密相連的是願意付出和能犧牲自己利益的精神連結。在這個現

代社會，利己主義層出不窮，每個人都被教導追求自己的利益與快樂。然而，一旦一個人願意成為慈眉善目的靈魂，就必須超越個人的小我，進入到更寬廣的視野中。這需要一種深厚的內在力量，能夠克服自私與自利的誘惑，真誠關懷他人的需要。這樣的連結並非輕而易舉的事情。付出與犧牲往往意味著放下一些個人的舒適與享受，願意將自己的資源、時間，甚至是情感，奉獻給他人。這需要一份無私的愛，一種超越物質得失的追求，願意將關懷與溫暖帶給那些需要的人。

這樣的精神連結源於對人性的信仰。相信每個人都擁有美好的一面，都值得被愛與關懷。慈眉善目的人不僅僅是給予者，更是啟發者，透過自己的付出，喚起他人心靈深處的善良與愛。

✚ 命由己造，相由心生效應

佛曰：「命由己造，相由心生，世間萬物皆是化相。心不動，萬物皆不動；心不變，萬物皆不變。」命運掌握在個人手中，人們對周遭事物的看法受心情影響極大。在我看來，所有事物皆是表面現象，男女、美醜之分乃是心靈投射，萬物因心而變化。美貌可視為一種福報，所有福報皆有其成因，就如財富源於慷慨，尊貴來自謙恭，而美麗的容顏源自溫和與仁愛的性情。雖前半世的樣貌取決於上一世的修為，但當人到了中年，後半世面貌會開始展現前半世所培養的性格與心靈。

性格寬厚者常見福相，柔和善良者呈現柔美容顏；反之，脾氣粗暴者

往往面露兇相。中老年婦女若品行不佳，面相可能顯現出刻薄，即所謂的薄命相、剋夫相。相貌實際上並非天生，而是長期心靈與行為修養在臉上的映照。這些相貌同時也預示著未來的命運。相術即為經驗的積累，由臉看心，由心知未來。慈悲心也是相當重要的影響因素。充滿愛心的人常散發出特別的光華，使人愈看愈順眼，愈接觸愈喜歡。相對地，自私、狡猾、計較的人難以忍受，甚至顯得醜陋。即便容貌姣好，過於冷漠的特質也會逐漸顯露，使人感到缺乏吸引力。

端詳藍英哲醫師的後半生，因慈心慈愛而成長與改變；因慈善慈悲而寬廣，最終成為一名慈眉善目的善人。沒有人是生來大愛的，唯有不斷修煉成熟，感受社會裡的需要與溫暖，去付出給予關懷才能決定自己生命的寬度，即為「命由己造，相由心生」。藍英哲曾說，要改變一個人很難，「但是只要有一個人願意改變，你所做的就有價值。」我們能透過他的所作所為去理解，為什麼要在這個社會不斷為他人付出。只要自己擁有非凡的影響力，就有改變他人幫助社會的使命，為了不辜負我們生來的責任，就必須將自己塑造成能夠溫暖社會與弱勢的光。

最重要的是，人的氣質與修養會深刻影響外在的樣貌。善良慈悲的心靈不僅使人更有魅力，也會在面容上流露出柔和光亮的特質。相對地，內心的陰暗面和負面情緒容易顯現在面部表情，影響整體形象。因此，相貌不僅是外在的肉展現象，更是內心狀態的反映。若要擁有美麗的外表，必須從內在培養氣質，讓內心的美好散發出外在的光彩。如同本文第五階段，慈眉善目的人是源於自身的精神連結，所以我們要努力成為充滿慈愛、引

領慈善、內心慈悲的慈眉之人。

 小啟示

1. 生命的價值不在長短，而是一生中做了多少利益別人的事。
2. 從慈心到慈愛的階段是雙向的，要反覆練習與學習，培養慈心建立慈愛。
3. 一己之力是有限的，要帶領晚輩加入慈善行善，讓更多人傳承利他精神。
4. 將自己所學所得傳遞給其他人，將智慧傳習下去，智慧才能至死不渝。
5. 為了不辜負我們生來的責任，就必須將自己塑造成能夠溫暖社會與弱勢的光。
6. 命由己造，相由心生。人的氣質與修養會深刻影響外在的樣貌。

如何讓生命翻轉，智慧落實

「人走了，錢留不住，除了不停賺錢，這一生你究竟想留下什麼？」──王建煊

王建煊是前監察院院長，卸任後與妻子全心投入公益事業，利用過去從公累積的財產，成立「無子西瓜社會福利基金會」、「天使居」。他們注意到台灣高齡化的趨勢，且近年愈來愈多膝下無子的年長者需要照護，於是投身其中，奉獻自己，回饋自身對這個社會的關愛與重視。王建煊在無子西瓜基金會留下這樣一段話：「無子西瓜基金會都是一群奉獻大愛的人，我們不希望愛心受傷害。只有在雙方都有愛心的情況下，無子西瓜基金會的工作才能圓滿成功。」當有人願意付出，我們也應該在自己能力所及的範圍，去關心這個社會所面臨的問題，這個社會能夠團結一致往前進步，才有機會成就圓滿的社會。

從認識自己開始，要能明白自己是什麼樣的人，才能選出適合自己的方式出發，讓自己有所為。同時人要知本，懂得事物的根本，為什麼能走到今天的成就，都是有跡可循的。要理解獨自一人無法一路走上來，無論是社會、朋友、師長的幫助，都是我們作為社會中個體的底氣。知見是成

長的養分，經歷的任何過程都會增長我們的見識，要去觀察、去體會後轉成我們人生的歷練，成為未來面對事情的經驗。知行，凡事起頭難，有了經驗跟充分的知識，仍需要走出艱難的第一步，出發實踐才有收穫的成果，讓我們歷練來的智慧得以落實。我們之所以能有收穫成果的機會，都是社會給予我們的恩賜。知恩是要懂得感恩我們的本，也就是社會給予我們的，要予以回饋，讓更多人受惠，利他才是這個世界能不斷推進的根源，唯有給予，讓耕多需要的人受惠，才有美好奉獻的循環。

　　如何樂在學習、樂在工作、樂在生活、樂在生命，並衡量自己的一生？我們可以學習王建煊的風範及內涵，也可以傳承王建煊宏觀的理念及想法，所以我將王建煊傳承給我們的觀念、精神及人生的目標整合為本節人生修煉力的第三個階段：**如何翻轉生命**。為了達到這個遠程的階段，我將階段的完成必須要擁有系統性及思維性的框架或學習的架構，才能讓讀者脫離漫無目的探索，和沒有人生目標的生活，期許這個框架或架構能帶給讀者創造整體的觀念及整合性的思維。在這個人生修煉力第三階段的框架如下：

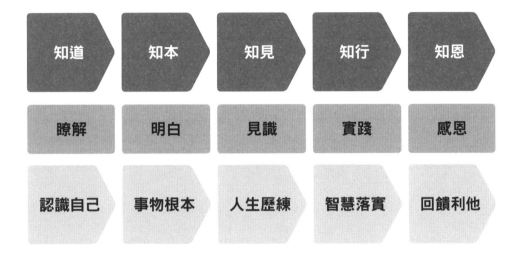

❶ 知道階段

「自我」是構成人格的根基，在行動前必須足夠清楚自身能力的所在、保持自己的行事風格與原則，才不會在遇上問題時手忙腳亂。

當時的財政廳長林振國曾與王建煊共事多年，他對王建煊的評價是：「他做什麼都非常投入，是個有作為的人。」王建煊是一位極具正義感且不戀棧官位，做事有原則、行動力強盛，他清楚自己的使命，面對繁雜的職務仍然保持自我。我們可以從王建煊的做人做事，看見自我的存在對於完成任何事情的重要性，我們得先從了解自己開始，知道自己是什麼樣的人，應該用什麼樣的方式去完成事情，才能從「自己」出發，讓自己有作為。

全心全意投入自己的使命，是一種福氣，能夠用只有自己做得到的方

式去完成一項任務，便是對自己最好的交代。

❷ 知本階段

　　凡事都有因果存在，我們要能夠理解事情運作的根本。在我們成長、年老的過程，沒有任何事是可以全部獨立完成的，在人類社會當中，每件事情必定會有他人奉獻的一部分存在，無論是食衣住行育樂，是因為他人的付出，才能成全這個世界的正常運作。所以要懂得感恩，要知道社會對自身的貢獻，因此甘願付出回饋，如同他人成全自己一樣，成就他人。

　　王建煊在設立「天使居」前，透過審視自身的狀況，深知台灣未來高齡者晚年的生活困擾，無人照護的處境，因此期望未來台灣社會能在高齡者的生活多一份關注，不至於落入無人聞問的地步，因而成立了天使居，期望能打造一個猶如天使之家的長照機構。

　　其牽手蘇法昭也同意且支持，將自有公寓出售，所得用來奉獻給成立無子西瓜社會福利基金會。他們看見且理解社會運作的根本，勞動人口最終都會老去，為社會奉獻了大半輩子卻在晚年得不到應有的權利，於是發起實際行動去改善這樣的問題。成立天使居後，也承諾在此機構奉獻愛心的員工們，都能夠在年老時免費住進天使居，因為沒有員工的奉獻與愛，天使居也無法運行，員工就是天使居的根本。

　　透過王建煊的例子，我們清楚看到「知本」的模樣，懂得萬物的根本，明白事情的運作。要循著蛛絲馬跡一步步踏實地走，並理解「自我」的存

在，把生命的意義逐步圓滿，奉獻給我們的「根本」。

❸ 知見階段

「讀萬卷書，不如行萬里路。」這是大家耳熟能詳的名言佳句，強調增廣見聞、豐富經驗的重要性。透過每一次的體驗，逐漸增長知識與智慧。一次次的理論實行，也能透過自我反省轉化為經驗，是我們能力成長的養分。

王建煊曾言：「解決之道，不是模仿別人，而是要補充營養。多讀書、多增加些人生歷練。」他把人生歷練比做營養，是人生所需要的營養，正因為用心認真地歷練過，才讓我們與眾不同。因為每一個人走過的路都不盡相同，所以有些人會害怕走冤枉路，以為是白白浪費時間。事實卻是繞了遠路並不等於功虧一簣，正因為走錯路，能知道自己不喜歡、不適合什麼，進而培育出最適合自己的發展方向。一味模仿他人並不是最佳解，反而失去體會人生酸甜苦辣各式滋味的機會。

好的學習並不是單純模仿而已，而是透過觀摩他人的經歷與風範，借鏡到自己身上，再結合自己的想法，實際體會後內化成屬於自己的營養，最終才能成為真正的「自我」，擁有與眾不同的人生經歷。

❹ 知行階段

在反覆體會與經歷後，增長了見聞與智慧，也更能感受自我的存在，了解自己為何出發、如何有所作為。這些得來的經驗、思想與一路上遇見的人事物都是人生的寶藏。而我們因為知本，所以要利用得到的智慧，懂得把這些能力與思想運用在實踐之上，讓更多人得以受惠、獲得幫助與成長的機會。

王建煊也說過：「現在我全心全意做慈善工作，錢都捐出去，看到窮困，總是有些傷心，想必跟小時候的窮苦悲哀有些關係。」因為幼年時期的家庭環境，當時的王建煊看見母親生病需要就醫，卻因為沒有健保且家境清寒而不願看醫生，讓他對窮苦人家有比常人更多一些惻隱之心。在自己能力範圍內，善用擁有的錢財與能力去幫助更多的人脫離窮苦，讓他們的生活得到幫助，甚至脫離貧困。這便是王建煊先生從人生經歷得來的智慧，並無私地落實了。

我們可以借鑑王建煊的智慧，參照自身的人生經歷與能力，把屬於自己的智慧落實，讓更多人因此受惠。不一定要過去的失敗或痛苦才算經歷，想讓更多人與自己同樣幸福或無憂慮也是一種動機，只要能夠將自己與眾不同的過去，結合到自己想要落實的精神上，回饋給其他人，便是實踐最重要的核心理念。

❺ 知恩階段

　　「人走了，錢留不住，除了不停賺錢，這一生你究竟想留下什麼？」這是王建煊的智慧，他與妻子蘇法昭在退休後一同致力於回饋社會的公益活動，一共成立了六個公益基金會，將自己畢生所學所得都回饋給需要的人們。正如其所言：「我們都會走啊，愛要留在世界上！」他們充分發揮了人去愛留的精神。

　　取之於社會，用之於社會。社會面臨的問題源源不絕，在人生中任何階段，通常不會有人告訴我們要回饋社會，我們受到的教育、家庭觀念有很多都只教導如何成功、如何追求利益與自我價值，因此有些人只想著自身利益，但也有人會醒悟而貢獻於社會。在追求利益與自我價值的過程，必定曾受過他人或社會的幫助，在成全了自己能力與財力的同時我們也要回頭看看，是否還有人向當初的自己一樣需要被拉一把，正因為受過幫助，才更應該知道該如何幫助他人。源源不絕的問題總得有人要去解決，如果大家都能將自己回饋給社會，世界就會更加溫暖與善良，只要越多人相信這樣的原則，力量就會越來越大。

　　王建煊曾說過：「你都看見你沒有的，當然會難過，因為『我什麼都沒有』，怎麼會『感恩』？」如果能看見自我的價值，就需要學會感恩，用自己能做到的方式去回饋給感恩的對象，無論是幫助過自己的人或社會，把善良的意義傳遞下去。沒有社會的幫助，就沒有自己的成就，珍惜自己得到與擁有的，並發揮其最大價值，能讓更多人受惠，自己也會變得

滿足而快樂。

✚ 馬斯洛需求層次理論

　　這是將需求分為六個層次的理論，由下而上分別為生理需求、安全需求、社交需求、尊重需求、自我實現需求及超自我實現需求。

　　本節內容到第四階段知行之前，通常都還屬於在追求自我實現這一層次的需求。到了知恩階段不同的是，我們已經可以滿足自我實現需求了，並且因為自我實現的過程中我們學會感恩，而在知恩階段昇華為超我。在這個自我超越的層次中，人們除了滿足於自我的成就，更能夠發揮無私利他的精神。為群體做出貢獻的目標與精神，就是超脫自我利益的思想。

　　如同王建煊「人去愛留」的精神，因為肉體無法永生，但是愛的精神與力量會因為更多人相信而持續傳遞下去，所以他選擇貢獻於社會，為需要的人付出，無論是成立基金會或是捐款……等公益行為，都值得我們參照學習。

🔆 小啟示

1. 全心全意地投入自己的使命，是一種福氣。

2. 要懂得感恩，要知道社會對自身的貢獻，因此甘願付出回饋，如同他人成全自己一樣，成就他人。

3. 透過每一次體驗，逐漸增長知識與智慧。一次次的理論實行，也能透過自我反省轉化為經驗，是我們能力成長的養分。

4. 透過觀摩他人的經歷與風範，借鏡到自己身上，再結合自己的想法，實際體會後內化成屬於自己的營養。

5. 不一定要過去的失敗或痛苦才算經歷，想讓更多人與自己同樣幸福或無憂慮也是一種動機。

6. 如果大家都能將自己回饋給社會，世界就會更加溫暖與善良；只要越多人能相信這樣的原則，力量就會越來越大。

7. 超自我實現層次是無私的利他需求，透過奉獻自己幫助他人獲得滿足。

獨立面對困境，獨覺洞悉未來

「規則不一定是神聖的，原則才是。」
——富蘭克林 · 羅斯福

　　規則約束著大眾群體，維持著社會的正常運作，來自成長過程中的教育告訴我們遵守規則，這是保護其他人權利的底線。在不影響其他人的權利時，規則就不是所有行動的標準，要懂得變通，要能夠獨立思考判斷是非。

　　無論是學習、工作階段，任何時刻我們都會有不同的困境需要面對，且要學習享受困境、經歷困境，成就自己獨當一面解決問題的能力，在這段過程中反覆訓練我們的思辨能力，學會判斷事情的是非對錯，對事情能有獨特的見解，能看到別人看不見的，善用成長得來的能力洞悉未來，把眼光放遠，思維更周全，才能具有完整的創造力。羅斯福被公認是美國歷史上最偉大的總統之一，他在國家局勢最嚴峻的時候上任，用各種出其不意、打破先例的方式面對困境，在當時經濟大蕭條的情況下絲毫不顯露任何恐慌，用獨特的見解和長遠的眼光，一一設立相應的措施，不被過去先例束縛。許多這期間發起的計畫至今仍在國家商貿扮演著重要角色，例如聯邦存款保險公司（FDIC）、證券交易委員會（SEC）……等。

如何樂在學習、樂在工作、樂在生活及樂在生命？如何衡量自己的一生？我們可以學習羅斯福的風範及內涵，可以傳承他宏觀的理念及想法，所以我將羅斯福傳承給我們的觀念、精神及人生的目標，整合為本節中人生修煉力的第四個階段：**獨立面對困境，獨覺洞悉未來**。為了達到這個遠程的階段，我整理出系統性及思維性的框架和架構，希望讀者能脫離漫無目的探索，和沒有人生目標的生活，期許這個框架或架構能帶給讀者整體的觀念及整合性的思維。在這個人生修煉力第四階段的框架如下：

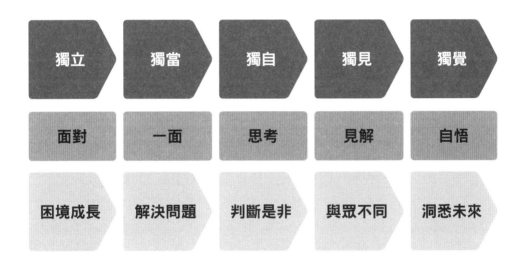

❶ 獨立階段

在陷入困境的時候，通常第一個反應是尋求援助或是逃避，因為害怕困境、擔心無力處理。一次次的挑戰與困境其實是成長的必經過程，也是

來之不易的體驗機會，如果因為恐懼而逃避困境，錯失了學習與自省的大好機會，那就白白浪費了成長的機會。

羅斯福自 1933 ～ 1945 年連續出任四屆美國總統，當時美國正面臨經濟大蕭條的嚴重困境，臨危受命的羅斯福扛下拯救國家的重擔，面對困境接受挑戰，最終成為美國歷史上最偉大的總統之一。首當其衝的是充實自己的能力，有了基本隨機應變的彈性後，就可以開始嘗試獨立面對困境而不尋求外界幫助，鞏固自己處變不驚的心態，臨危不亂地面對難題。也許會帶來挫折與失敗，但我們應該害怕的是停滯不前而非短暫的挫敗，在挫折與失敗中自省是成長的主要方式之一。

❷ 獨當階段

面對困境需要一份接受困難來臨的勇氣，但更進階的是學會享受迎面而來的困境、經歷困境、理解困境，學會感受困境帶來的變化與其意義，才能訓練起自己獨當一面解決問題的能力。

獨當一面是很不容易的，事情的面向往往多元且複雜，若一直逃避面對自己不擅長的，從不正視自己的弱點並改善，就沒有辦法培養出周全的思維與能力。也因為獨當一面地解決問題，才能夠看見事情的全貌，對全部局勢的掌握與了解會更深入。生活處處是困境，沒有人是一帆風順的，但為什麼有些人看起來對於解決難題樂此不疲呢？這些人多數都在各自的領域小有成就或是獨佔一方，學會如何享受困境樂在生活，就是我們生命

裡一道重要課題。

羅斯福在最壞的時代，帶領他的國家成功絕境求生，在一次記者會中，他曾言：「有人告訴我，我要做的事不可能做到，但是我還是要試一下。」這充分展現他對困境與難題積極的想法，如果不勇敢面對困難，困難永遠不會消失。「行動力」成為獨當一面解決問題的關鍵元素，如何將想法勇敢轉化為具體行動才是最重要的，而不是讓想法永遠只是一個念頭。

❸ 獨自階段

難題往往是具有針對性的，當問題被拋給其他人解決時，與發生在自己身上時的「前提」不同，得到的答案也會隨之改變而不適用，這也是為什麼我們需要培養獨立思考的能力。舉例來說，當甲深受職場霸凌所困擾，且目前身上有一筆能夠度過工作轉換期的資金，他想諮詢乙的意見時，乙僅僅得知這兩個前提輕鬆給出的答案是那就轉換跑道重新再來吧，但是甲會猶豫是因為原工作崗位已經待了二十年，也升遷到待遇不錯的職位了，這時轉換工作的話，重新累積到相同等級的職位待遇又需要很長一段時間，此時有一個立場不同導致答案不夠完善的結果便顯現出來，甲真正的問題仍然沒有得到答案。

經過前面獨立面對困境、獨當一面解決問題的階段，會漸漸累積起自己的價值觀，取捨事情之間的比重，也因為從失敗與挫折中獲得經驗，開始形成獨自思考的能力，知道該如何不依賴別人做決定，靠自己得出答案

是否可行、正確。在此與讀者分享能在獨自思考時更深入、全面理解問題的方式：六頂思考帽子（Edward de Bono）。白帽著重在事實和資訊，無情感或評價，用於收集和整理關鍵資訊；紅帽允許情感和直覺的表達，讓我們分享感受、直覺和情感反應；黑帽用於評估和批評，幫助我們識別問題、風險和缺陷；黃帽鼓勵樂觀思考，關注解決方案、好處和優點；綠帽用於發展新的想法和創造性解決方案，充分發揮想像力；藍帽組織和引導思考過程，確保討論有結構且朝向目標。帽子別代表不同的思維模式，這是藉由換位思考，使思維更加周全且完善的方式。

在經歷了獨立思考和解決問題的階段後，我們會逐漸建立起自己的價值體系，確立自己的目標和原則。這個過程可能不容易，因為我們會犯錯，也會遇到挫折，但正是這些經歷讓我們成長，讓我們更好地理解自己和世界。獨立思考的能力並不是一蹴而就的，需要透過實際行動和反思不斷提升。我們會學會如何自主決策，如何在面對困難時保持冷靜，如何分析問題，並找出解決方案。這種能力在生活的各個領域都至關重要，不論是職場、家庭或個人生活。全面的思考方式有助於我們做出明智的決策，解決複雜的難題，更妥善應對生活中的挑戰。

❹ 獨見階段

獨特的見解是創新與競爭力的基石，獨特見解的價值在於能夠為個人和社會帶來新的視角和解決方案。這種見解不僅可以激發創新，還可以促

使深刻的變革。時代的日新月異也是因為一直有人帶著獨特的見解往前邁進，不侷限於大眾思維與舊觀念，勇敢地改變著社會與世界。

有過去培養出獨立思考的能力，才能對事情有獨特見解。在人生的各個階段都是如此，家庭教養我們的人格、學校教育我們社會化、工作上有各種問題需要被解決，這些我們在被授予的過程，如果沒有經過自己獨立的思考判斷，僅是把接收的資訊照單全收，那便會沒辦法了解事情為什麼這樣發展，自然也不能對其產生獨特的見解。羅斯福第二次就任總統的典禮上，領誓的首席大法官著重強調了「宣誓效忠美國憲法」的誓詞，羅斯福當下照本宣科，事後卻說自己當時其實想說：「是的，但我要效忠的是我所理解的憲法。」這也對應到本節開頭的「規則不是神聖的，原則才是。」規則不是所有行動的標準，要懂得變通、能獨立思考擁有自己獨特的見解，同時不去影響其他人的基本權利。

在不斷練習面對困境與獨立解決問題的過程，其實也練就了自己能與眾不同的勇氣，毅然決然地走在與大眾不同的道路之上是需要極大的勇氣，因為沒有人會鼓勵自己，也不會有前人替你指路。

❺ 獨覺階段

資訊落差是創造競爭優勢的關鍵之一，能夠洞悉未來，找到其他人沒有看見的，並長遠規劃，就是成功的法則。前瞻性思考能帶來更縝密的規劃，也因為提早洞察到未來的趨勢，並不斷學習新的資訊，會降低環境改

變帶來的威脅與風險。當我們經歷了獨立面對、獨當一面、獨自思考、獨特見解四個階段的成長，每一次都完整的理解事情發展的因果與邏輯，就能察覺出關於事情未來發展的趨勢，提早為之後可能發生的問題做出應對與準備。

羅斯福在經濟大蕭條期間推行以工代賑的政策，興辦公共工程等系列措施，實際上是透過擴大內需來刺激生產發展，起到了調節生產與消費矛盾的作用。比起直接發錢，雖然以工代賑的成本更高，卻能從根本（市場供需上）解決問題，而非以低成本的發錢解決燃眉之急而治標不治本。這是羅斯福的長遠目光，雖然反對聲音也很多，但正是因為他有獨自思考的判斷力、與眾不同的勇氣及放眼未來的長遠目光，才促使他成為美國史上最偉大的總統之一。

✚ 紅皇后效應

紅皇后效應源自於生物學的概念，強調在競爭激烈的環境中，生物種群必須不斷進化以保持競爭優勢。這個概念在商業世界中同樣具有重要意義。紅皇后效應告訴我們，企業必須不斷提升自身來適應變化，否則將失去市佔率並被競爭對手超越。

總統羅斯福曾在美國經濟大蕭條期間扛下拯救國家的重擔，面對嚴重的經濟困境，他接受了挑戰，最終成為美國歷史上最偉大的總統之一。他首先充實了自己的能力，擁有了基本的應變能力，然後開始嘗試獨立面對

困境，鞏固自己處變不驚的心態。儘管可能會遭遇挫折和失敗，但他不害怕，因為他知道停滯不前才是真正可怕的。環境的競爭力強烈，沒有往前走就等於在退步。

　　無論目前處在人生哪個階段，競爭都是無處不在的，只有不斷思考、持續改進、放眼未來，我們才能保持競爭優勢。我們需要獨立思考，學會獨當一面，發展獨特見解，並具有洞悉未來的能力，以應對世界的快速更迭。這些能力有助於提升自己的競爭力，同時為這個社會創造更多新的觀念或事物，在競爭不斷的現實社會中脫穎而出。

 小啟示

1、 在不影響其他人權利的前提下，規則就不是所有行動的標準，要懂得變通。
2、 面對困境也許會帶來挫折與失敗，但應該害怕的是停滯不前而非短暫的挫敗。
3、 學會如何享受困境、樂在生活。
4、 善用六頂思考帽，成就周全的獨立思考。
5、 獨特的見解是創新與競爭力的基石。
6、 紅皇后效應：要不斷進步，停滯不前會被競爭力強烈的環境淘汰。

Orange Life 36

好人生的管理心法
20堂名人影響力和生命力的養成智慧

作者：劉教授

───── 出版發行 ─────

橙實文化有限公司 CHENG SHI Publishing Co., Ltd
粉絲團 https://www.facebook.com/OrangeStylish/
MAIL: orangestylish@gmail.com

作　　者　　劉教授
編　　者　　周均達
總 編 輯　　于筱芬　CAROL YU, Editor-in-Chief
副總編輯　　謝穎昇　EASON HSIEH, Deputy Editor-in-Chief
業務經理　　陳順龍　SHUNLONG CHEN, Sales Manager
美術設計　　點點設計×楊雅期
製版／印刷／裝訂　皇甫彩藝印刷股份有限公司

───── 編輯中心 ─────

ADD／桃園市中壢區山東路588巷68弄17號
2F., No. 147, Yongchang Rd., Zhongli Dist., Taoyuan City 320014, Taiwan (R.O.C.)
TEL／（886）3-381-1618　FAX／（886）3-381-1620

───── 經銷商 ─────

聯合發行股份有限公司
ADD／新北市新店區寶橋路235巷弄6號6號2樓
TEL／（886）2-2917-8022　FAX／（886）2-2915-8614

初版日期 2024年11月

路是走來的，福是修來的

「福不是求來的，而是修得的；享福之餘，更要懂得惜福。」
——星雲法師

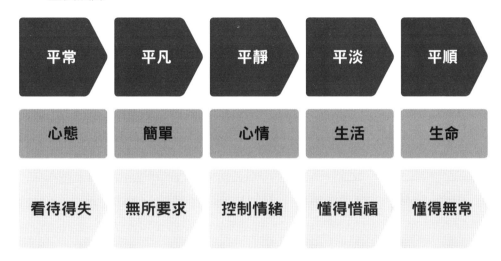

平常	平凡	平靜	平淡	平順
心態	簡單	心情	生活	生命
看待得失	無所要求	控制情緒	懂得惜福	懂得無常

學會傾聽善待自己，學會面對獨立自己

「錢要給需要的人才有用。」——陳樹菊女士

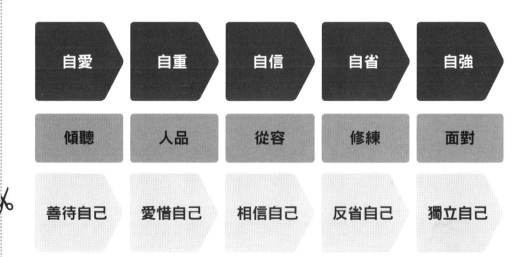

自愛	自重	自信	自省	自強
傾聽	人品	從容	修練	面對
善待自己	愛惜自己	相信自己	反省自己	獨立自己

提升心智力量，才能真正擁有心靈自由

「克服自私心，克服自己的利害心，便可走上愛人的大路。」——傅斯年

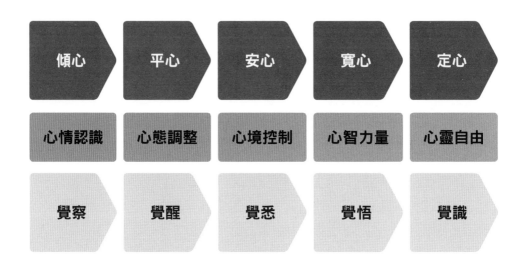

傾心	平心	安心	寬心	定心
心情認識	心態調整	心境控制	心智力量	心靈自由
覺察	覺醒	覺悉	覺悟	覺識

有了正確的價值觀，才有美好的人生觀

「事情完成之前看起來總像不可能。」——曼德拉

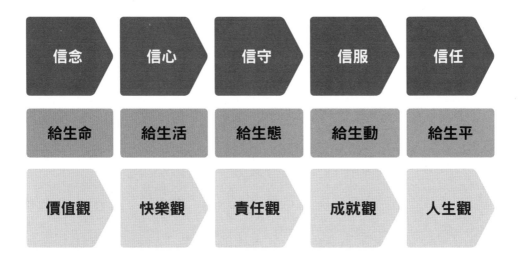

信念	信心	信守	信服	信任
給生命	給生活	給生態	給生動	給生平
價值觀	快樂觀	責任觀	成就觀	人生觀

閱讀產生興趣，閱歷產生影響

「人間壽命因為短暫，才更顯得珍貴。難得來一趟人間，應問是否為人間發揮了自己的良能，而不要一味求長壽。」——證嚴法師

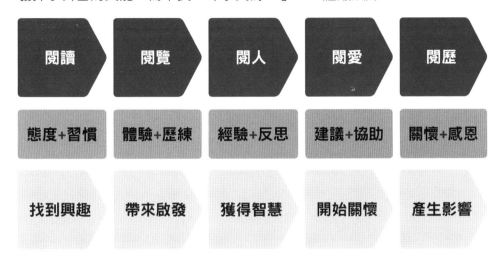

做事讓人放心，行善讓人安心

「我講的話都把給他放送出去，生意人信和不信當面就知道。」
——王永在

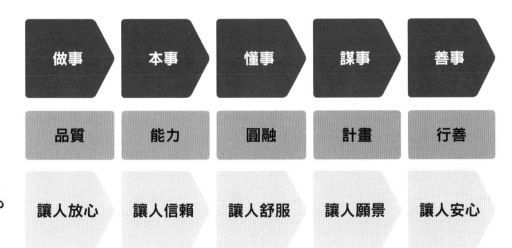

良好習慣造就人生，良善行為感動人生

「教育不是口號，教育是樹人的志業；品德不是八股，品德是做人的基礎。」——洪蘭

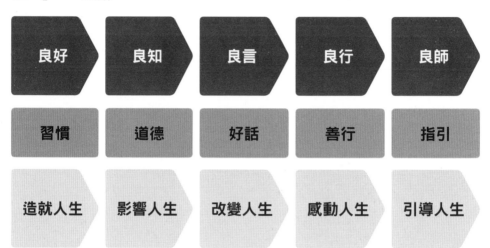

發願是行為的動力，並且依願而行

「台灣議會的設置，是台灣人唯一的活路。」——蔣渭水

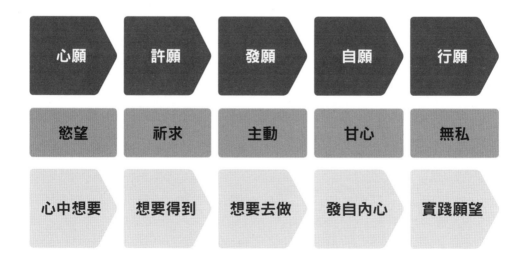

學習階段如何應用，人生階段如何善用

「到花蓮很遠，去美國很近」——黃勝雄醫師

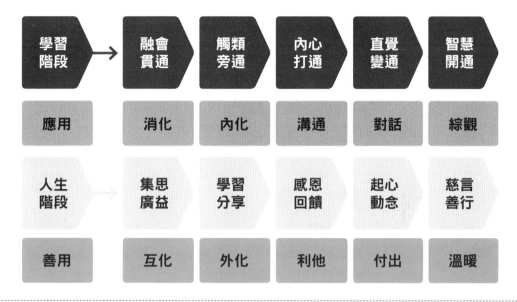

充實的生活，樸實的生命，人生可以不一樣

「樸實生活不是匱乏，而是豐盛；回歸簡單的自己必然獲得智慧」
——魯米

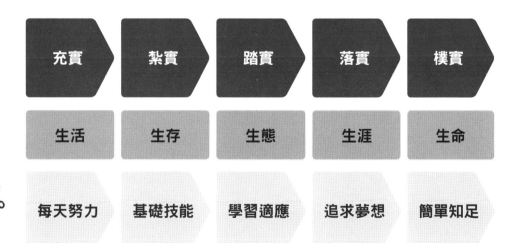

學會挑戰不斷努力，改變心態找到生命

「我們可以在母親的土地上，自己決定想要怎樣的國家，並積極改造，這是尊嚴。」——林淑雅

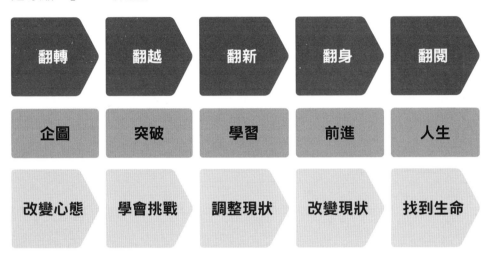

翻轉	翻越	翻新	翻身	翻閱
企圖	突破	學習	前進	人生
改變心態	學會挑戰	調整現狀	改變現狀	找到生命

人生的管理心法

「至少在今天，我要試著做好事，不告訴任何人。」——方濟各

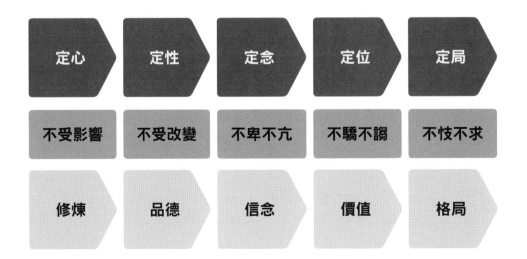

定心	定性	定念	定位	定局
不受影響	不受改變	不卑不亢	不驕不諂	不忮不求
修煉	品德	信念	價值	格局

要做人師，而非導師

「最高的快樂是行善助人，贈幸福予人。為善最樂，只要你做，就必有所得！」——弘一法師

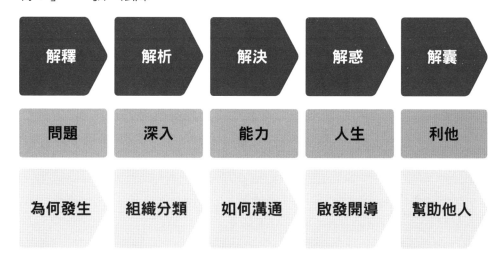

解釋	解析	解決	解惑	解囊
問題	深入	能力	人生	利他
為何發生	組織分類	如何溝通	啟發開導	幫助他人

主動學習解決問題，推動良善傳遞溫暖

「村民們就像親人一樣，我可以開著船到處去關心親人。」——侯武忠醫師

主動	打動	觸動	帶動	推動
學習	人心	心靈	氛圍	良善
解決問題	溝通討論	改變想法	形成正向	傳遞溫暖

教育晚輩群育相處，作育人才惠育利他

「想贏兩三個回合，贏三年五年，有點智商就行；要想一輩子贏，沒有德商絕對不行。」——牛根生

教育	群育	作育	惠育	養育
付出	共事	人才	利他	父母
孩子學生	團隊合作	引導教導	施惠造福	感恩關心

找對觀念擇對事情，做對人生惠對世人

「一個人若不計較功勞歸於誰，成就會更大。」——辜振甫

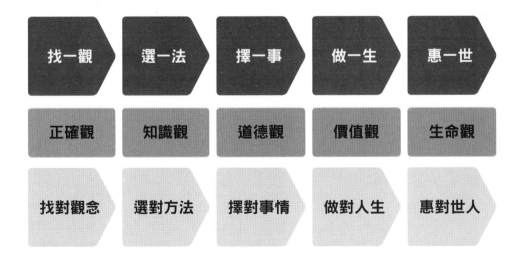

找一觀	選一法	擇一事	做一生	惠一世
正確觀	知識觀	道德觀	價值觀	生命觀
找對觀念	選對方法	擇對事情	做對人生	惠對世人

重視他人感受，做出他人感動

「知父母、師長、社會、國家及三寶的恩德，並且進一步感恩、報恩。」
——惟覺法師

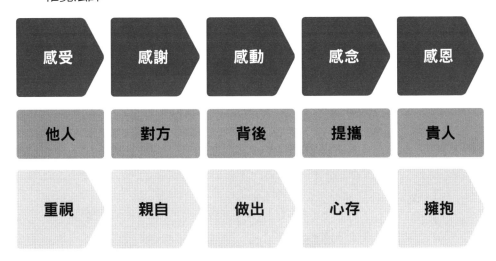

慈心學習給予自己，慈悲傳習給予智慧

「生命的價值不在長短，而是一生中做了多少利益別人的事。」
——藍英哲 醫師

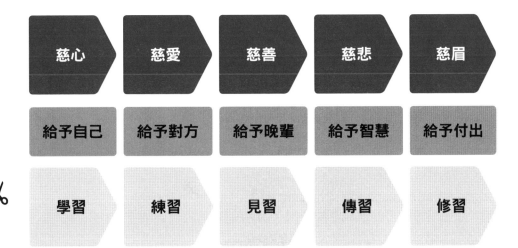

如何讓生命翻轉，智慧落實

「人走了，錢留不住，除了不停賺錢，這一生你究竟想留下什麼？」
——王建煊

知道	知本	知見	知行	知恩
瞭解	明白	見識	實踐	感恩
認識自己	事物根本	人生歷練	智慧落實	回饋利他

獨立面對困境，獨覺洞悉未來

「規則不一定是神聖的，原則才是。」——富蘭克林·羅斯福

獨立	獨當	獨自	獨見	獨覺
面對	一面	思考	見解	自悟
困境成長	解決問題	判斷是非	與眾不同	洞悉未來